*Conselhos espirituais*

**Dados Internacionais de Catalogação na Publicação (CIP)**
**(Câmara Brasileira do Livro, SP, Brasil)**

Eckhart, Mestre, Ca. 1260-1327?
  Conselhos espirituais / Mestre Eckhart ;
tradução de Fidélis Vering e Leonardo Boff. –
Petrópolis, RJ : Vozes, 2016. – (Série Clássicos da Espiritualidade)
  Título original : Reden der Unterweisung

  6ª reimpressão, 2022.

  ISBN 978-85-326-5205-8
  1. Espiritualidade  2. Misticismo  3. Oração
I. Título.  II. Série.

15-11431                                                    CDD-248.22

Índices para catálogo sistemático:
1. Mística e espiritualidade : Cristianismo
     248.22

*Mestre Eckhart*

# *Conselhos espirituais*

Tradução de Fidélis Vering, OFM e Leonardo Boff

Petrópolis

Tradução realizada a partir do original em alemão intitulado
*Reden der Unterweisung: Meister Eckharts Traktate. Die deutschen Werke V*,
W. Kohlhammer, Stuttgart 1963, 505-538.

© desta tradução:
2016, Editora Vozes Ltda.
Rua Frei Luís, 100
25689-900 Petrópolis, RJ
www.vozes.com.br
Brasil

Todos os direitos reservados. Nenhuma parte desta obra poderá ser reproduzida ou transmitida por qualquer forma e/ou quaisquer meios (eletrônico ou mecânico, incluindo fotocópia e gravação) ou arquivada em qualquer sistema ou banco de dados sem permissão escrita da editora.

## CONSELHO EDITORIAL

**Diretor**
Gilberto Gonçalves Garcia

**Editores**
Aline dos Santos Carneiro
Edrian Josué Pasini
Marilac Loraine Oleniki
Welder Lancieri Marchini

**Conselheiros**
Francisco Morás
Ludovico Garmus
Teobaldo Heidemann
Volney J. Berkenbrock

**Secretário executivo**
Leonardo A.R.T. dos Santos

*Editoração*: Maria da Conceição B. de Sousa
*Diagramação*: Sheilandre Desenv. Gráfico
*Capa*: Editora Vozes
*Ilustração de capa*: Benedito G.G. Gonçalves

ISBN 978-85-326-5205-8

Este livro foi composto e impresso pela Editora Vozes Ltda.

## *Sumário*

1 A verdadeira obediência, 7

2 Qual a oração mais forte e qual a obra mais excelente, 9

3 Os preocupados, cheios de si mesmos, 10

4 Como é útil renunciar exterior e interiormente, 12

5 O que faz a essência e o fundamento serem bons, 13

6 O despojamento e a posse de Deus, 14

7 Como o homem deve agir da forma mais razoável possível, 19

8 O empenho constante no máximo crescimento, 21

9 Como a inclinação para o mal pode tornar o homem piedoso, 22

10 Como a vontade tudo pode e como todas as virtudes residem na vontade, com a condição de que seja reta, 24

11 O que o homem deve fazer quando é privado de Deus e quando Deus se escondeu, 28

12 A questão do pecado: como a gente deve se comportar quando se encontra em pecado, 32

13 Os dois arrependimentos, 34

14 A verdadeira confiança e a esperança, 35

15 As duas certezas da vida eterna, 36

16 A verdadeira penitência e a eterna bem-aventurança, 38

17 Como o homem deve manter-se em paz quando não se encontra em aflição externa, como Cristo e muitos santos, e como deve seguir a Deus, 40

18 De que maneira o homem, conforme a situação, poderá aceitar alimentos finos, vestes nobres e alegre companhia, que lhe cabem segundo o costume, 44

19 Por que Deus frequentemente tolera que pessoas de bem sejam impedidas na prática do bem, 47

20 Que o Corpo de Nosso Senhor seja recebido frequentemente e da maneira e devoção com que isto se deve fazer, 48

21 O zelo, 53

22 Como se deve seguir a Deus de maneira perfeita, 59

23 As obras interiores e exteriores, 62

# 1
## *A verdadeira obediência*

A obediência verdadeira e perfeita é uma virtude que antecede a todas as demais virtudes. Sem ela nenhuma obra, por maior que seja, pode acontecer ou ser feita; assim, se uma obra, por menor ou insignificante, for realizada na perfeita obediência, ela se torna mais útil, por exemplo, rezar ou assistir à missa, meditar ou qualquer coisa que possas imaginar. Toma uma ação qualquer, mesmo a mais irrelevante, como quiseres ou seja lá como for: a verdadeira obediência torna-a mais nobre e melhor. A obediência realiza o melhor em todas as coisas e de forma perfeita e acabada. Com efeito, a obediência jamais perturba nem cria obstáculo algum a nada, pouco importa o que alguém faça, contanto que proceda da verdadeira obediência. Quem obedece assim não negligencia nenhum bem. A obediência não deve jamais se mostrar preocupada, nenhum bem lhe faz falta.

Sempre que o homem, na obediência, sai de seu eu e se despoja de suas coisas e interesses, Deus necessariamente penetra nele; pois quando alguém não quer nada para si mesmo, Deus quer para ele, na mesma medida em que quer para si mesmo. Quando me despojei de minha vontade, depositei-a nas mãos de meu Superior e não quis mais nada para mim, então é necessário que Deus queira para mim; se nisso Ele me negligencia, Ele se negligencia ao mesmo tempo a si mesmo. Assim ocorre em todas as coisas: sempre que eu não quero nada para mim Deus o quer para mim. Mas atenção! Que quer Deus para mim se eu não quero nada para mim? Sempre que abandono meu eu, Deus necessariamente deve querer por mim tudo o que Ele quer para si mesmo, nem mais nem menos. E isso Ele o quer na mesma medida com a qual Ele o quer para si mesmo. E se Deus não fizesse isto – pela verdade que é Deus – Deus não seria justo nem seria Deus, porquanto é assim sua natureza e essência.

Na verdadeira obediência não se deve encontrar "eu quero assim ou assado" ou "isto ou aquilo", mas unicamente uma perfeita renúncia de si mesmo. Por isso a melhor oração que o homem pode fazer não deve soar assim: "Senhor, dá-me esta virtude ou esta maneira de agir", nem: "dá-me, Senhor, a ti mesmo ou a vida eterna", mas somente: "Senhor, não me dês nada, senão aquilo que Tu queres; faze, Senhor, em cada momento, o que Tu queres e como Tu queres". Esta oração excele à outra como o céu à terra; quem rezou assim rezou bem: este, na verdadeira obediência, saiu de seu eu e mergulhou em Deus. Como a verdadeira obediência não conhece nenhum "eu quero assim", também não se deve jamais ouvir "eu não quero"; pois o "eu não quero" é um verdadeiro veneno para qualquer obediência. Santo Agostinho disse: "Servo fiel é aquele que não gosta que se lhe diga ou dê o que ele gostaria de ouvir ou ver, mas seu fundamental e supremo desejo é ouvir antes o que mais agrada a Deus".

# 2
## Qual a oração mais forte e qual a obra mais excelente

A oração mais forte e como que a mais poderosa para alcançar todas as coisas, a obra mais digna entre todas é aquela que brota de uma atitude livre (*lediges Gemüt*). Quanto mais livre for a atitude, tanto mais forte, digna, útil, louvável e perfeita é a oração e a obra. A atitude livre pode tudo.

Que é uma atitude livre?

A atitude livre é aquela de quem não se perturba com nada nem está preso a nada; nem condicionou a sua felicidade a uma situação dada, nem se preocupa consigo mesmo, antes está mergulhado totalmente na amorosíssima vontade de Deus e se despojou de si mesmo. Ninguém pode realizar alguma obra, por mais insignificante que seja, que não haura daí sua força e seu poder.

Deve-se rezar tão intensamente que se deseje que todos os membros, todas as forças do homem, os olhos, os ouvidos, a boca, o coração, enfim, todos os sentidos estejam orientados para a oração; e não se deve parar antes de sentir que se vai unir Àquele que se tem presente e para o qual se reza, isto é: Deus.

# 3
## Os preocupados, cheios de si mesmos

Há os que dizem: "Ah, Senhor, eu gostaria tanto de estar bem com Deus; gostaria de ter a piedade e a paz com Deus como tantos as têm; como gostaria que acontecesse isso comigo, pudesse eu ser também pobre!" Há outros que dizem: "Se eu não estiver neste ou naquele lugar, se não fizer isso ou aquilo eu não me realizo!" ou "eu preciso viver no estrangeiro ou num eremitério ou num convento!"

Ora, nisso tudo se esconde o teu eu e nada mais! É o teu egoísmo, mesmo quando não tens consciência disto, nem o creias: jamais irrompe uma intranquilidade em ti que não venha do teu egoísmo, quer o conscientizes, quer não. Há os que pensam que para se realizar têm que fugir disto ou buscar aquilo, ir para tais e tais lugares ou encontrar-se com tal gente, proceder de tal maneira ou unir-se a este grupo ou fazer tal coisa. Não é por isso que este modo de ser ou estas coisas te criam obstáculos. És tu mesmo o obstáculo para ti mesmo nas coisas, pois te relacionas erroneamente com elas.

Por isso, começa primeiro contigo mesmo. Deixa tudo para lá! Não fujas de ti mesmo; para onde quer que fujas, encontrarás sempre obstáculos e perturbações. Pessoas que procuram paz em coisas exteriores, seja em lugares ou em situações diferentes, seja junto a outras pessoas, em obras, no estrangeiro, na pobreza ou mesmo na humilhação, enquanto procurarem desta forma e em tais realidades, nada encontram. Por mais impressionante que tudo seja, não é nada e não confere nenhuma paz. Quem procura assim, procura de forma totalmente errada. Quanto mais se afastam, menos encontram o que procuram. Andam como quem errou o caminho: quanto mais se anda, mais se perde. Então que fazer? Primeiramente a pessoa deve renunciar a si mesma, porquanto quem renunciou a si mesmo, renunciou a tudo. Efetivamente, se um homem renunciou a um reino ou ao mundo todo, e se conserva a si mesmo, este não renunciou a nada. Se um homem renunciou a si mesmo, renunciou a tudo, mesmo que conserve para si riqueza, honra ou o que quer que seja.

São Pedro disse: "Eis, Senhor, que deixamos todas as coisas [...]" (Mt 19,27). Na verdade ele não havia deixado nada mais do que uma simples rede e seu pequeno barco. Um santo comentando estas palavras afirmou: "Quem abandona, livremente, as pequenas coisas, abandona não somente estas, mas todas as coisas que as pessoas do mundo conquistam, até mesmo tudo o que elas sequer podem desejar. Quem renunciou a sua própria vontade e a si mesmo, renunciou tão verdadeiramente a todas as coisas como se elas fossem sua propriedade e as tivesse possuído com pleno direito. Tudo o que não quiseste desejar, o entregaste e abandonaste por amor a Deus". Com razão falou Nosso Senhor: "Felizes os pobres em espírito" (Mt 5,3), isto é, pobres em sua vontade. Disso ninguém deve duvidar, porque se houvesse outra maneira melhor, Ele o teria dito como também disse: "Quem quiser me seguir, renuncie primeiro a si mesmo" (Mt 16,24). Disso depende tudo. Vigia sobre ti mesmo; onde encontrares a ti mesmo aí renuncia a ti mesmo; isso vale mais que tudo.

# 4
## Como é útil renunciar exterior e interiormente

Deves saber que jamais alguém renunciou tanto nesta vida que não encontre nada a que ainda não devesse renunciar. São poucos os que têm plena consciência disto e se mantêm firmes. No fundo, trata-se de uma troca proporcional e de um negócio justo: na medida em que sais de todas as coisas, nesta mesma medida – nem mais nem menos – Deus entra em ti com tudo o que Ele tem. Mas somente com a condição de que tu em todas as coisas te despojes completamente de ti mesmo. Começa com isso e paga para isto o quanto puderes.

É mais urgente pensar no que se deve ser do que pensar no que se deve fazer. Se as pessoas e suas atitudes forem boas, suas obras brilham com toda claridade. És justo, então tuas obras serão justas. Não se pense em fundamentar a santidade num fazer; antes deve-se fundamentar a santidade num ser, pois as obras não nos santificam; nós é que santificamos as obras. Por mais santas que forem as obras, elas, enquanto obras, jamais chegam a nos santificar. Mas na medida em que nosso ser e nossa natureza forem santos, nesta mesma medida santificamos todas as nossas obras como o comer, o dormir, o acordar, ou outra coisa qualquer. De nada valem as obras, pouco importa quais, daqueles que não são portadores de uma natureza elevada. Tira disto a seguinte lição: coloca todo o teu empenho em ser bom; não te preocupes com o que fazes ou com o tipo de obras que fazes, mas com o fundamento e o motivo das obras.

## 5
## *O que faz a essência e o fundamento serem bons*

A razão que confere bondade à natureza e ao fundamento do ser humano e de suas obras é esta: a atitude do homem voltada totalmente para Deus. Coloca nisso todo teu empenho, que Deus se torne grande para ti; em tudo o que fazes ou deixas de fazer orienta teus anseios e tua diligência para Ele. Com efeito, quanto mais límpido fores nisto, melhores serão tuas obras, pouco importa quais forem. Une-te a Deus e todo bem se unirá a ti. Procura a Deus e encontrarás Deus e com Ele todo o bem. Se neste espírito andares sobre uma pedra, eu te digo e garanto que tal fato constitui uma obra que agrada a Deus em grau mais alto do que se recebesses o corpo de Nosso Senhor. Tudo porque não reparaste em ti mesmo e nos teus interesses e foste menos centrado em teu próprio propósito. Quem se une a Deus, Deus se unirá a ele e todas as virtudes. O que antes buscavas, agora te busca a ti; o que antes procuravas com afinco, agora isto te procura com afinco a ti; aquilo de que tu antes corrias, agora corre de ti. Por isso: quem se prende fortemente a Deus, a este se prende tudo o que é divino; dele foge tudo o que é distante e estranho a Deus.

# 6
## O despojamento e a posse de Deus

Há pessoas que se afastam totalmente dos homens; gostariam de viver sempre sozinhas ou na igreja e pensam que nisto encontram paz. Perguntaram-me: Isso tudo é o melhor? Eu respondi: Não! Vê por quê: Se alguém está bem, estará bem em todos os lugares e no meio de todo tipo de pessoas. Se está mal, estará mal em todos os lugares e no meio de todo gênero de pessoas. Quem está bem com todas as coisas, traz, verdadeiramente, Deus consigo. E quem traz Deus verdadeiramente consigo, o traz em todos os lugares, na rua e no meio da multidão, tão bem quanto se estivesse numa igreja ou no deserto ou em seu quarto. Se ele verdadeiramente o possui, e somente a Ele, então ninguém pode ser um obstáculo a este homem.

Por quê? Porque este possui unicamente a Deus e sua intenção se orienta somente a Deus e todas as coisas se tornam para ele simplesmente Deus. Tal homem traz Deus em todas as suas obras e em todos os lugares; é Deus quem faz as obras deste homem; pois a obra pertence própria e verdadeiramente mais a quem a causa do que a quem a executa. Se tivermos sempre e tão somente a Deus em mente, então Ele fará nossas obras; na operação destas obras todas não será impedido por ninguém, nem pela multidão nem pelo lugar. Assim esta pessoa não será impedida por ninguém, pois não procura nem anseia nada para si e nada lhe agrada senão Deus. E Deus se unirá a esta pessoa em todos os seus anelos. Como nenhuma multiplicidade consegue distrair Deus, assim nada pode distrair esta pessoa nem dispersá-la. Ele é um naquele Uno no qual toda a multiplicidade é um e uma não multiplicidade.

O homem deve apreender Deus em todas as coisas; deve acostumar o seu espírito a ter sempre Deus presente, no sentimento, na intenção e no amor. Quando estiveres na igreja ou no quarto repara bem como te voltas para Deus; esta mesma atitude conserva-a e leva-a para dentro da multidão, na inquietação e na diversidade. Já o disse várias vezes: quando se fala de "igualdade" não se pensa que se deva apreciar da mesma maneira todas as obras, todos os lugares ou todas as pessoas. Isto seria totalmente incorreto, pois é manifesto que rezar é melhor do que bordar e uma igreja é mais digna do que uma rua. Deves manter uma mesma e igual atitude em todas as coisas, uma mesma confiança, um mesmo amor ao teu Deus e uma mesma seriedade. Olha, se mantiveres assim uma tal atitude, ninguém te impedirá de ter Deus sempre presente.

Em quem Deus não habita verdadeiramente ou quem procura Deus nisso e naquilo, mas sempre a partir de fora, ou quem procura Deus em forma desigual, seja em obras, no meio da multidão ou em lugares determinados, este não possui Deus. Facilmente pode ocorrer qualquer coisa que perturbe tal homem, pois ele não possui Deus, não procura somente a Ele, nem ama a Ele unicamente nem anseia somente por Ele. Por isso não apenas o perturba a má sociedade, mas também a boa, não somente a rua, mas também a igreja, não somente as más palavras e as más obras, mas também as boas palavras e as boas obras. Isso porque a perturbação habita dentro dele e porque Deus não se tornou nele todas as coisas. Se assim fosse, ele se sentiria bem em todas as circunstâncias e no meio de qualquer tipo de pessoas; pois ele possui Deus; ninguém pode tirá-lo dele nem alguém poderia perturbá-lo em sua obra.

Em que, pois, reside este verdadeiro ter Deus de tal forma que a gente verdadeiramente o passa a possuir?

Este verdadeiro ter Deus consiste numa atitude e num voltar-se a Deus e num ansiar por Deus, interior e espiritual. Não consiste num contínuo e simultâneo pensar Deus. Ansiar assim por Deus seria impossível à natureza, além de ser muito penoso; de mais a mais não seria o melhor. O homem não se deve contentar com um Deus pensado, pois quando o pensamento passa, passa também Deus. Deve-se antes possuir um Deus essencial que incomensuravelmente ultrapassa os pensamentos do homem e toda a criatura. Este Deus não passa, a menos que o homem voluntariamente se aparte dele.

Quem possui Deus assim, isto é, em sua essência, apreende Deus divinamente e Deus se lhe torna transparente em todas as coisas, pois todas as coisas começam a ganhar o sabor de Deus e a imagem de Deus se lhe torna visível de dentro de todas as coisas. Deus brilha nele por todo o tempo. Nele se opera uma conversão libertadora e a marca de seu Deus amado e presente se imprime nele. Sirva-nos de comparação um homem tomado de terrível sede. Pouco importa o que faça em vez de beber e em que coisas pense; enquanto a sede perdurar, seja fazendo isto, ou estando com aqueloutro, sabe lá com que desejos, pensamentos ou em que afazeres, não lhe sai da cabeça a ideia da bebida; quanto maior for a sede, tanto mais forte, penetrante, presente e persistente é a ideia da bebida. Ou então é como o homem que ama apaixonadamente. Nada lhe agrada nem lhe passa outra coisa pelo coração que o amor; nada mais anseia senão o amor. Isto é certo: onde quer que este homem esteja, seja lá em companhia de quem, pouco importa o que comece ou empreenda, jamais se apaga nele o que ele tanto ama; em todas as coisas ele encontra a imagem de seu amor; e esta imagem lhe é tanto mais presente quanto mais e mais forte for o amor. Tal homem não procura sossego, pois nenhum desassossego o perturba.

Este homem é grandemente louvado frente a Deus porque compreende as coisas divinamente e de forma mais alta do que elas são em si mesmas. Cuidado, porém: para isso se necessita de diligência, de dedicação e de vigilante atenção acerca da interioridade humana e de um conhecimento claro, verdadeiro, refletido e real daqueles objetos sobre os quais está aplicado o espírito, seja que se encontre no meio das coisas ou no meio da multidão. Isto não se pode aprender fugindo das coisas e se refugiando externamente na solidão; antes a pessoa precisa aprender uma solidão interior, pouco importa onde e com quem esteja. Faz-se mister aprender a atravessar as coisas e apreender seu Deus dentro delas e representar Deus a si mesmo com força expressiva e de uma forma essencial. Tal pessoa é semelhante a alguém que quer aprender a escrever. Se quiser dominar esta arte, deve se exercitar nesta operação muito, e muitas vezes por mais árido e penoso que lhe seja ou por mais impossível que lhe pareça: se se aplicar diligentemente e com frequência ele acaba aprendendo e se apropriando da arte. Primeiramente deve orientar seus pensamentos a cada uma das sílabas e retê-las bem na mente; depois, quando já dominar a arte, ele se liberta completamente da imagem e da reflexão; escreve livre e espontaneamente. Assim o mesmo ocorre quando se trata de tocar violão ou de outra obra que dependa de habilidade. Basta à pessoa unicamente saber que quer praticar sua arte; e mesmo se não está plenamente consciente, ela realiza seu ato em virtude de sua habilidade, pouco importa em que esteja pensando.

Assim deve o homem ser penetrado pela presença divina e ser formado pela forma de seu Deus bem-amado; deve estar em Deus tão essencialmente que sua presença o ilumine sem qualquer esforço; acima de tudo deve conseguir um despojamento de todas as coisas e alcançar permanecer livre face a elas. Para tanto, no início, são indispensáveis reflexão e diligente penetração como o estudante com referência à sua arte.

# 7
## Como o homem deve agir da forma mais razoável possível

Ocorre assim com muita gente e facilmente se chega a isso quando queremos as coisas com as quais convivemos e não nos constituem nenhum empecilho nem chegam a impregnar a cabeça com imaginações obsessivas, porque, quando o coração está cheio de Deus, as criaturas não podem ter nem encontrar aí nenhum lugar. Mas isto não nos basta. Devemos saber usar em grande medida todas as coisas, seja lá como forem, onde quer que estejamos, pouco importa o que ouçamos ou vejamos, por mais estranho e desmedido que isso possa parecer. Somente então nos comportamos como convém, e não como antes. Nesta diligência o homem não pode nunca pretender chegar ao fim; antes, pode crescer incessantemente e chegar sempre mais a um verdadeiro crescimento.

Deve-se usar atentamente em todas as ações e em todas as coisas a própria razão e possuir em tudo uma consciência aguda acerca de si mesmo e de sua interioridade e apreender Deus em tudo da forma mais profunda possível. Pois deve-se ser como o Senhor disse: "Sede como homens que vigiam e esperam seu Senhor de volta" (Lc 12,36). Vejam, estes homens que esperam são vigilantes e olham ao redor de si para saber donde o Senhor poderá vir e esperam-no em tudo aquilo que ocorre, por mais estranho que possa parecer, pois ele pode vir daí de dentro. Assim devemos nós também conscientemente aguardar Nosso Senhor em todas as coisas. A isso pertence, ineludivelmente, empenho; precisa-se gastar o que se pode em pensamentos e forças em função disto; só então as pessoas possuem a atitude correta e podem apreender imediatamente Deus em todas as coisas e imediatamente encontrar Deus em todas as coisas.

Evidentemente, uma obra é sempre diferente da outra; mas se alguém age a partir de uma mesma atitude, suas obras serão todas iguais. Para aquele que age corretamente, para quem Deus se tornou algo próprio, para este Deus brilha sem mediações, tanto nas coisas profanas quanto nas coisas mais sagradas.

Atenção: isto não deve ser entendido no sentido de que se deva fazer algo de meramente mundano ou menos bom e adequado, mas no sentido de que tudo o que exteriormente sensibilizar o olho ou o ouvido seja reconduzido a Deus. Para quem Deus for presente em todas as coisas e quem dominar e usar maximamente sua razão, este somente sabe da verdadeira paz e possui o verdadeiro Reino dos Céus.

Para quem mantém uma atitude correta, de duas uma: ou deve aprender a surpreender Deus em todas as coisas e a possuí-lo ou então deverá abandonar todas as obras. Como, porém, o homem nesta vida não poderá ficar sem atividade, já que esta pertence à essência humana, pois existe toda sorte de atividade, por isso deve aprender a possuir Deus em todas as coisas e a permanecer sem obstáculo em todas as obras e em qualquer circunstância. Em razão disso: quando alguém se dispôs a isto e quiser atuar no meio dos homens, deve antes imbuir-se fortemente de Deus e colocá-lo bem fundo no seu coração e estar unido a Ele em todo o seu agir, pensar, querer e em todas as suas forças de tal sorte que não veja nos outros outra coisa senão Deus.

## 8
## *O empenho constante no máximo crescimento*

O homem jamais deve julgar tão bem sua ação, mesmo que a tenha feito perfeitamente, a ponto de se tornar desligado das obras e seguro de si mesmo e de reduzir sua razão à ociosidade ou ao endormecimento. Deve se medir continuamente com estas duas forças, a razão e a vontade, a fim de lograr o melhor em sumo grau; destarte, encontra-se decididamente armado contra todo e qualquer dano; assim não perde nada em cada coisa, antes, pelo contrário, cresce ininterruptamente e em alto grau.

# 9
# Como a inclinação para o mal pode tornar o homem piedoso

Sabe que as solicitações para o vício jamais são para o homem de bem sem bênção e proveito. Pois presta atenção: eis aí dois homens; o primeiro é feito assim pela natureza que não é tentado por nenhuma fraqueza ou apenas um pouco; o outro é de tal natureza que é sensível às tentações. Pela simples presença exterior das coisas, seu homem exterior fica logo excitado, seja para a ira ou para a vanglória ou talvez para a sensualidade, conforme o que o afeta. Em suas forças superiores ele fica bem firme, imóvel e não quer cometer o erro, como irar-se ou qualquer outro pecado; luta, portanto, fortemente contra a fraqueza; talvez se trate de uma fraqueza radicada na própria natureza, como é o caso de homens que por natureza são irados ou subservientes ou têm qualquer outra falta; apesar disso não querem cometer pecado. Tal homem merece ser muito mais louvado, sua recompensa é maior, sua virtude mais excelente do que o primeiro; isso porque a perfeição da virtude vem somente pela luta, como já São Paulo o dissera: "A virtude se aperfeiçoa na fraqueza" (2Cor 12,9).

A inclinação ao mal não é pecado, mas o querer pecar, isto sim, é pecado; querer irar-se, isto também é pecado. Com efeito, o homem justo se pudesse realizar seu desejo não deveria desejar ser livre da inclinação ao pecado, pois sem esta inclinação ele ficaria inseguro em todas as coisas e em todas as obras, despreocupado face às coisas e privado da honra da luta, da vitória e da recompensa.

A inclinação e a tendência ao vício produzem a virtude e o prêmio pelo esforço. A inclinação faz o homem bem mais diligente e cuidadoso em se exercitar na virtude, impulsiona-o fortemente para a virtude, e esta inclinação se constitui num duro chicote que o compele à vigilância e à virtude; quanto mais fraco se encontrar o homem, tanto mais e melhor deve se armar com força para a vitória; como se depreende, a virtude e o vício residem na vontade.

## 10
## *Como a vontade tudo pode e como todas as virtudes residem na vontade, com a condição de que seja reta*

Ninguém precisa temer nada enquanto estiver de boa vontade, nem deve se acabrunhar por não haver realizado as obras que se havia proposto; nem se deve julgar longe da virtude; quando se encontra com reta e boa vontade, nada poderá prejudicá-lo, nem no amor nem na humildade nem em qualquer outra virtude. Antes pelo contrário, o que profundamente e com toda a vontade quiseres, isto o terás e Deus e todas as criaturas não to poderão arrebatar enquanto a vontade permanecer inteira e verdadeiramente divina e orientada para o presente. Não se diga: "Eu gostaria para dentro de pouco tempo", pois isto seria ainda futuro; mas diga-se: "Eu quero que isto aconteça agora mesmo"! Ora, nota bem: Se alguma coisa está a mil milhas de distância e eu a quiser ter, então eu a tenho mais propriamente do que se eu a tivesse sobre os meus joelhos e não a quisesse.

O bem não é menos forte para o bem do que o mal para o mal. Guarda isto: mesmo que eu não faça nenhuma ação má, mas tiver a vontade para o mal, pequei como se tivesse feito a ação realmente; eu poderia em plena vontade fazer um pecado tão grande quanto o de matar o mundo inteiro, embora não tenha realmente executado tal crime. Por que não vale o mesmo também para uma boa vontade? Efetivamente vale e incomparavelmente muito mais.

Com efeito, com a vontade eu posso tudo. Posso carregar a pena de todos os homens; posso alimentar todos os pobres; fazer as obras de todos os homens e o que quer que tu possas imaginar. Se não é a vontade que te faz falta mas unicamente a possibilidade de fazer, em verdade diante de Deus fizeste tudo isto; ninguém te pode tirar isto nem te contestar por um só momento; pois querer fazer, enquanto tenhas a possibilidade, e haver feito é igual diante de Deus. Ademais, se eu quiser ter tanta vontade quanto o mundo inteiro tem e se meu desejo é correspondentemente tão grande e total, então eu, verdadeiramente, o tenho; pois o que eu quero ter, eu o tenho. Da mesma forma: se eu, verdadeiramente, quiser ter tanto amor quanto todos os homens já adquiriram, e se eu quiser louvar da mesma maneira a Deus, ou o que quer que possas imaginar, então tu terás realmente tudo, contanto que a vontade seja total.

Agora, poderias perguntar, quando a vontade é uma vontade reta? A vontade é total e reta quando ela estiver sem ligação ao próprio eu, e quando se tiver despojado de si mesma e se tiver modelado e conformado à vontade divina. E com tal vontade podes tudo, amar ou o que tu quiseres.

Agora perguntas: Como poderia eu ter o amor, já que eu não o sinto, nem constato sua presença assim como o vejo em muitos homens que atestam grandes obras nos quais eu descubro grande senso religioso e encontro maravilhosamente aquilo que eu não tenho?

Quanto a este ponto deves considerar duas propriedades que se encontram no amor: a primeira é a essência do amor, a outra sua operação ou manifestação. A sede da essência do amor está somente na vontade; quanto mais vontade alguém tiver, tanto mais amor tem. Entretanto, quem tem mais vontade, se um, se outro, ninguém poderá saber; isto fica escondido na alma, porquanto Deus está escondido na profundidade da alma. Este amor reside unicamente na vontade; quem tem mais vontade, tem também mais amor.

Mas existe também uma segunda propriedade: é a manifestação e a operação do amor. Ela se faz visível como interioridade, devoção e exuberância da alegria; mas isto não é de modo nenhum o melhor. Tais manifestações frequentemente não provêm do amor, mas, às vezes, da natureza, mostrando-se como um bem-estar ou um doce sentimento; pode ser influência da atmosfera ou pode ser induzido pelos sentidos; e aqueles que experimentam tais coisas nem sempre são os melhores. Pode ser que venham realmente de Deus, porque Nosso Senhor dá-o a tais pessoas para atraí-las a si ou estimulá-las e também para desapegá-las de outras pessoas. E quando estas pessoas crescem em amor, então não têm mais tantos sentimentos e emoções; evidencia-se então que elas possuem o amor: sem tais escoras, guardam total e firme fidelidade a Deus.

Suponhamos que se trate de perfeito e pleno amor, ainda assim não é o melhor. Isso se vê pelo seguinte: é preciso às vezes renunciar, por amor, a estes transportes afetivos em razão de uma coisa melhor e, às vezes, para praticar uma obra de amor que se faz necessária, seja espiritual ou corporal. Como já disse uma vez: Se alguém estiver em êxtase, como esteve São Paulo, e souber que um enfermo necessita de uma sopinha, deixe seu êxtase de amor e sirva o necessitado com grande amor. Eu julgo tal gesto muito melhor.

E não se pense que se perdeu em graça divina; pois o que o homem livremente deixa por amor, receberá em troca muito mais, como disse Cristo: "Quem deixar alguma coisa por meu amor, receberá o cêntuplo" (Mt 19,29). Sim, o que o homem deixa ou renuncia por amor de Deus, encontrá-lo-á novamente em Deus. Por exemplo, se alguém deseja ardentemente consolos sensíveis ou paz interior e, embora faça tudo para consegui-lo, Deus não lho concede e até lho nega: se esta pessoa livremente renuncia a tudo isto por amor de Deus, encontrará isso tudo seguramente em Deus, como se estivesse em plena posse de todo o bem que existe no mundo; a condição é que se tenha livremente despojado e humilhado e tenha renunciado por amor de Deus; este receberá o cêntuplo. O que alguém gostaria de ter, mas renuncia a esse desejo e se priva dele por amor de Deus, seja algo corporal ou espiritual, isto tudo ele encontra em Deus como se fosse posse sua e dela se tivesse livremente abdicado; por amor de Deus o homem deve voluntariamente deixar-se roubar de todas as coisas e no amor ser despojado e privado de todo consolo, por amor.

Que a gente por amor deva renunciar, às vezes, a tais sentimentos, o acena Paulo que tanto sabia amar, quando diz: "Eu desejei ser anátema por amor a meus irmãos" (Rm 9,3). Ele ideou isso na linha desta última forma de amor a que nos referíamos acima e não na linha da primeira forma, pois daquela ele não quereria em nenhum momento estar separado por amor de tudo o que acontece no céu e na terra, vale dizer, o consolo.

Sabe, porém, que os amigos de Deus jamais estão sem consolo; o que Deus quiser, é para eles o maior consolo, seja o consolo ou o desconsolo.

## 11
## O que o homem deve fazer quando é privado de Deus e quando Deus se escondeu

Deves também saber que a boa vontade jamais pode perder Deus. O que pode, porém, perdê-lo é, às vezes, o sentimento da alma; imagina-se então muitas vezes que Deus se tenha retirado. Que deves então fazer? Faze exatamente o mesmo que farias caso estivesses na maior consolação; aprende a fazer assim quando estiveres em grandes sofrimentos e comporta-te como te comportavas antes. Não há melhor conselho para encontrar Deus senão este de encontrá-lo lá onde a gente se sente longe dele. E como eras, quando o tinhas anteriormente, assim permanece agora; assim como o perdeste, irás também encontrá-lo. A boa vontade, entretanto, jamais produz a falta de Deus. Muitos dizem: "Nós temos boa vontade", mas não possuem a vontade de Deus; querem ter a sua vontade própria e pretendem ensinar a Nosso Senhor como Ele deve agir desta ou daquela maneira. A gente deve procurar em Deus qual é a sua amantíssima vontade.

Deus intenciona que em todas as coisas renunciemos à nossa vontade. São Paulo se entretinha muito com Nosso Senhor e Nosso Senhor com ele. Mas isso não lhe valeu nada até que renunciasse a sua própria vontade e dissesse: "Senhor, que queres que eu faça?" (At 9,6). E o Senhor sabia muito bem o que ele deveria fazer. Da mesma forma quando o anjo apareceu a Nossa Senhora: pouco importa o que eles falaram entre si, isto jamais faria de Nossa Senhora mãe de Deus; do momento em que ela renunciou à sua vontade, tornou-se imediatamente mãe verdadeira da Palavra Eterna e concebeu no mesmo instante a Deus; e Ele era seu filho segundo a natureza. Nada faz mais verdadeiro o homem do que a renúncia de sua própria vontade. Verdadeiramente, sem a renúncia da própria vontade em todas as coisas, não conseguiremos nada diante de Deus. Mais ainda se conseguirmos realmente renunciar à própria vontade e se ousarmos despojar-nos interior e exteriormente de todas as coisas, então sim fizemos tudo, antes disto não fizemos nada.

Encontram-se poucas pessoas que não gostariam, consciente ou inconscientemente, de realizar tal renúncia da vontade; experimentariam nisso grandes sentimentos; gostariam da maneira e do resultado; mas tudo isto não passa de pura vontade própria. Deves entregar-te totalmente a Deus em todas as coisas e então não te preocupes com o que Ele fará por Ele mesmo. Seguramente, são milhares os homens que morreram e estão no céu e jamais chegaram a uma renúncia perfeita de sua vontade. Andar totalmente à luz da vontade de Deus, sem vontade própria, somente isso seria a perfeita e verdadeira vontade. E quem andou mais dessa forma, tanto mais e verdadeiramente foi colocado em Deus. Sim, uma Ave-Maria pronunciada neste espírito de renúncia de si mesmo é mais proveitosa do que mil saltérios sem ela; sim, um passo neste espírito vale mais do que atravessar o mar sem ele.

O homem que renunciou totalmente a si mesmo com todas as suas coisas é transportado plenamente para Deus de tal sorte que se o tocássemos, tocaríamos primeiramente em Deus; ele está envolto em Deus e Deus envolto nele como este meu capuz envolve minha cabeça; quem quisesse me tocar, precisaria tocar primeiro meu hábito. Da mesma forma, também ocorre com a bebida e a língua. Se eu beber, a bebida deve primeiro correr por sobre a língua; aqui recebe a bebida seu gosto. Assim o vinho pode ser doce quanto quiser, se a língua estiver coberta de amargor, ele terá o gosto amargo, porque ao passar pela língua recebeu o gosto amargo dela. Semelhantemente se alguém se tiver despojado totalmente de si mesmo, estaria completamente envolto por Deus; nenhuma criatura poderia tocá-lo sem antes tocar em Deus; tudo o que viesse a esta pessoa viria a ela passando por Deus; de Deus receberia seu gosto e assumiria um caráter divino. Por maior que seja a dor, ela passa antes por Deus, de sorte que Deus sofre primeiro. Sim, pela verdade que Deus é: não há dor que afete o homem, por insignificante que seja, como uma indisposição ou alguma contradição, que não afete também incomensuravelmente mais a Deus do que ao homem; isto porém à condição de o homem estar em Deus; e esta dor contraria muito mais a Deus do que ao homem. Se Deus suporta a dor em vista de um bem que Ele previu para ti, tu deves também voluntariamente sofrer aquilo que Deus sofre e aquilo que chega a ti passando por Ele; destarte a dor se tornará divina por natureza. Tudo recebe seu gosto de Deus e se torna divino, como o desprezo e a honra, a amargura e a doçura, as trevas mais escuras e a luz mais clara; pois tudo o que afeta a este homem se amolda a Deus; por isso o homem não deve aspirar a outra coisa nem gostar de qualquer outra coisa: desta forma apreende Deus tanto na amargura quanto na maior doçura.

A luz brilha nas trevas; é então que a percebemos. Para que existe a doutrina e a luz senão para que os homens façam uso delas? Quando estão nas trevas ou na dor, então verão a luz.

Sim, quanto mais nós pertencemos a nós mesmos, menos pertencemos a Deus. O homem que se despojou daquilo que lhe é próprio jamais será privado de Deus em nenhuma obra que faça. Pode acontecer que alguém pense mal ou fale mal ou lhe ocorram coisas que o desagradem; então Deus, que estava presente desde o começo da obra, necessariamente toma sobre si os prejuízos; mas tu não deves demitir-te de modo nenhum de tua obra. Para isso temos um exemplo em São Bernardo e em muitos outros santos. De tais ocorrências não podemos nesta vida ser totalmente poupados, porque de vez em quando uma ratazana cai dentro do trigo, e nem por isso o nobre trigo é jogado fora. Verdadeiramente, para aquele que é bem-intencionado e se entende sempre a partir de Deus, todos os sofrimentos e ocorrências se transformam em bênção. Pois todas as coisas boas concorrem para os bons, como diz São Paulo (Rm 8,26); e Santo Agostinho comentou: "Sim, até o pecado".

## 12
## *A questão do pecado: como a gente deve se comportar quando se encontra em pecado*

Em verdade, ter cometido pecado não é pecado desde que o lamentemos. Por tudo o que possa acontecer no tempo ou na eternidade o homem não deve querer pecar, nem mortal nem venialmente. Quem quiser estar bem com Deus deve sempre ter diante dos olhos o fato de que Deus, fiel e amoroso, transportou o homem de uma vida pecadora para uma vida divina, de um inimigo Ele fez um amigo, o que é muito mais do que criar uma nova terra. Somente este fato constituiria um dos mais fortes impulsos para lançar o homem totalmente em Deus; e deveríamos nos admirar em ver o quanto o homem precisa se incendiar de forte e grande amor para despojar-se totalmente de si mesmo.

Sim, quem se conformou totalmente à vontade de Deus não deve querer que não tenha acontecido o pecado no qual caiu. Evidentemente não no sentido de que este pecado seja contra Deus e porque a pessoa agiu contra Deus, mas no sentido de que ela, por meio do pecado, pôde se ligar a um amor maior, se rebaixou e se humilhou. Deves confiar plenamente em Deus porque Ele não teria deixado acontecer isto senão com a intenção de tirar daí um bem maior para ti. Quando porém o homem se levanta plenamente de seu pecado e se afasta totalmente dele, Deus que é fiel faz de conta como se o homem jamais tivesse caído em pecado e não quer em nenhum momento fazer-se compensar por todos os seus pecados: mesmo que sejam tantos quantos os dos homens tomados conjuntamente, mesmo assim Deus não exigiria jamais compensação; Deus poderia manter com tal homem toda a intimidade como jamais manteve com uma criatura. Quando o encontra agora assim modificado não considera como este homem tinha sido antes. Deus é um Deus do presente. Assim como Ele te encontra, assim Ele te acolhe, não como tu foste antes, mas como és agora. Toda ofensa e todo ultraje cometidos contra Deus por todos os pecados, Ele suportaria de boa vontade e durante muitos anos a fim de que o homem chegue ao conhecimento de seu grande amor e a fim de que o amor e o agradecimento humanos sejam tanto maiores, o zelo tanto mais ardente como naturalmente e muitas vezes sói acontecer depois do pecado.

Por isso Deus suporta prazerosamente os ultrajes dos pecados, como já suportou com frequência e com mais frequência ainda os deixa suportar por aqueles que escolheu para, segundo a sua vontade, realizarem grandes coisas. Constata isto: Com quem o Senhor foi mais amoroso e íntimo do que com os apóstolos? E, entretanto, nenhum deles foi poupado de cair em pecado mortal; todos cometeram pecado mortal. Isso Ele também demonstrou com frequência no Antigo e no Novo testamentos àqueles que eram, não raro, seus prediletos; e hoje em dia ainda sabemos de pessoas de altas posições que antes de chegarem ao que são, de certa forma, pecaram. Com isso Nosso Senhor deseja que reconheçamos sua misericórdia; ademais Ele nos quer exortar para uma maior e mais verdadeira humildade e piedade. Sempre que o arrependimento é renovado, renova-se também e se fortalece o amor.

# 13
## Os dois arrependimentos

Há dois tipos de arrependimento: um é temporal ou dos sentidos; o outro é divino e sobrenatural. O temporal se abisma em sempre maiores aflições e coloca o homem em tal estado de miséria, como se ele tivesse que desesperar-se; neste estado, o arrependimento se detém na aflição e não progride nada; isto não leva a nada.

O arrependimento divino é totalmente diverso. Logo que o homem sente um desagrado, imediatamente se eleva a uma grande confiança em Deus e adquire uma grande segurança. Nasce daí uma alegria espiritual, que tira a alma de toda aflição e miséria e firmemente a vincula a Deus. Pois, quanto mais frágil o homem se souber e quanto mais tiver pecado, tanto mais razão tem ele para, com amor indiviso, vincular-se a Deus, em quem não há pecado e fragilidade. O melhor plano, pois, em que nos podemos colocar, se queremos devotamente aproximar-nos de Deus, será o de nos deixarmos livrar do pecado pela força do arrependimento divino.

E quanto mais grave considere alguém o seu pecado, tanto mais Deus se inclina ao perdão, para visitar a alma e expulsar o pecado; pois cada um se empenha ao máximo para eliminar aquilo que mais o aborrece. E quanto maiores e mais graves forem os pecados, com tanto mais vontade Deus se apressa a perdoá-los, porque os detesta. Se, pois, o arrependimento divino se eleva a Deus, os pecados somem mais depressa no abismo de Deus do que num piscar de olhos, e são tão perfeitamente desfeitos, como se nunca houvessem existido, desde que o arrependimento se torne perfeito.

## 14
## *A verdadeira confiança e a esperança*

O verdadeiro e perfeito amor se mostra nisto: que se tenha grande esperança e confiança em Deus; pois só na confiança se sabe que há um amor verdadeiro e total. Pois, se alguém ama outrem de todo o coração e com toda a perfeição, surge a confiança; pois tudo quanto se ousa esperar de Deus, nele verdadeiramente se encontra e ainda mil vezes mais. E assim como alguém não pode nunca ter demasiado amor a Deus, assim também nunca seria possível ter nele demasiada confiança. Tudo quanto o homem fosse capaz de fazer não seria tão proveitoso como a imensa confiança em Deus. Ele jamais deixou de operar grandes coisas com aqueles que nele depositaram grande confiança. Em todos esses homens Ele deixou bem claro que essa confiança emana do amor, pois o amor não apenas confia, mas possui um verdadeiro saber e uma certeza que não padece dúvida alguma.

## 15
## *As duas certezas da vida eterna*

Há nesta vida duas certezas da vida eterna. Uma certeza vem de que Deus mesmo o diga ao homem ou lho transmita por um anjo ou lho revele por uma iluminação especial. Tal coisa, porém, acontece raramente, e só a poucas pessoas é dada.

A outra certeza é incomparavelmente melhor e mais proveitosa, e dada a todos os homens perfeitos amigos de Deus, muitas vezes. Vem daí que o homem, em virtude do amor e da familiaridade de que usa com Deus, tão perfeitamente nele confia e dele tanta certeza sente, que já não lhe é possível duvidar, tornando-se destarte tão firme, por amá-lo indistintamente em todas as suas criaturas. E ainda que todas as criaturas se lhe opusessem e até sob juramento dele se desligassem, ou ainda que Deus mesmo se lhe ocultasse, ele não perderia a confiança, pois o amor é incapaz de desconfiar. Cheio de boa-fé, ele só pode esperar o bem. E não há necessidade de que se diga algo a quem ama, ou a quem é amado, pois pelo fato de que o homem percebe e sente que Deus é seu amigo, também sabe o que lhe é proveitoso e contribui para a sua bem-aventurança. Pois, por mais que tu lhe sintas amor, fica sabendo: Deus te ama incomparavelmente mais e confia incomparavelmente mais em ti. Pois Ele é a fidelidade em pessoa; disto tem certeza! Disto estão persuadidos todos quantos o amam.

Esta certeza é imensamente maior, mais completa e mais genuína do que a primeira, e não pode falhar. A inspiração, pelo contrário, poderia ser espúria e a iluminação, um engano. Esta certeza, porém, se apodera de todas as forças da alma e não pode enganar aqueles que sinceramente amam a Deus. Duvidam dela tão pouco quanto do próprio Deus poderiam duvidar, pois o amor expulsa todo o temor. O amor não conhece o temor (1Jo 4,18), como diz São Paulo Apóstolo. Também está escrito: "O amor encobre a multidão dos pecados" (1Pd 4,8). Pois onde há pecado, não pode haver plena confiança, nem amor. Pois o amor encobre plenamente os pecados. Nada sabe dos pecados. Evidentemente, não é que não tenha havido pecado, mas o amor age de tal modo que apaga plenamente os pecados, como se nunca tivessem ocorrido. Pois todas as obras de Deus são tão esplendidamente perfeitas e tão ricas em abundância que, onde Deus perdoa, plenamente perdoa, e com mais prazer as quedas grandes que as pequenas. Com isto Ele cria a perfeita confiança. Isto é algo incomparavelmente melhor, traz mais recompensa e é também muito mais autêntico que o primeiro tipo de saber; pois nem o pecado nem outra coisa qualquer o pode entravar. Pois aquele a quem Deus tiver encontrado em semelhante amor, a este Ele também logo julga, quer tenha ele pecado muito ou não tenha pecado. Aquele, no entanto, a quem mais tiver sido perdoado, também deverá ter mais amor, como disse Nosso Senhor: "A quem mais tiver sido perdoado, mais também há de amar" (Lc 7,47).

## 16
## *A verdadeira penitência e a eterna bem-aventurança*

Muita gente é de opinião que devem fazer grandes obras exteriores, como jejuar, andar descalço e coisas semelhantes, que se chamam obras de penitência. A mais genuína e melhor penitência, porém, com que se produz vigorosa emenda e ótima melhora, está em que o homem se aparte total e perfeitamente daquilo que não é plenamente Deus e divino nele ou nas criaturas, e retorne total e perfeitamente ao seu bom Deus, mediante um amor inabalável, de modo que nele sejam grandes os desejos e a devoção para com Ele. Nas obras em que mais disto tiveres, também mais justificado serás; quanto mais tiveres esta atitude, tanto mais autêntica será a tua penitência e tanto mais pecados hás de apagar e juntamente ainda as penas todas. Sim, certamente tu te poderias voltar em breve tão vigorosamente e com tão sincera repugnância contra todos os teus pecados e te voltar com o mesmo ardor para Deus, que, mesmo que tivesses praticado todos os pecados que foram cometidos desde os tempos de Adão e continuam sendo feitos, ser-te-iam perdoados totalmente, juntamente com as penas, de modo que, se morresses agora, serias levado até a visão de Deus.

É esta a verdadeira penitência e se baseia particularmente e do modo mais perfeito no santo sofrimento que há na perfeita penitência satisfatória de Nosso Senhor Jesus Cristo. Quanto mais o homem nela se coloca, nela tanto mais os pecados todos o abandonam e igualmente as penas devidas. O homem deverá habituar-se a situar-se, com todas as suas obras, dentro da vida e paixão de Nosso Senhor Jesus Cristo. Em tudo o que o homem faça, ou deixe de fazer, no seu viver e seu sofrer, tenha ele diante dos olhos o seu Redentor, como teve Ele a nós diante dos olhos seus.

Tal penitência não é senão o coração desprendido do espírito deste mundo e elevado às coisas divinas. Faze de bom grado as obras que mais te possibilitem isto e pelas quais tenhas melhor tal disposição e tais frutos. Onde, porém, uma obra externa te impede tal disposição, seja embora jejum ou vigília ou leitura, ou o que quer que seja, deixa então isso, sem medo de que possas omitir algo da penitência. Pois Deus não olha quais sejam as obras, mas unicamente considera o amor, a devoção e a mente presente em tais obras. Pois Ele não aprecia tanto as nossas obras quanto a mente presente nelas, e que só a Ele amemos em todas as coisas. Pois é demasiadamente ávido o homem a quem Deus não basta. Todas as tuas boas obras tenham a sua recompensa bastante no fato de que Deus as conhece e que seja Ele quem tens em mente com elas. Que isto te baste! E quanto mais pura e simplesmente tu o tenhas em tua mente, com tanto mais propriedade as tuas boas obras expiam os teus pecados.

Também te deves lembrar de que Deus é o Redentor universal do mundo inteiro. Portanto, deves-lhe muito mais gratidão do que se Ele a ti tão somente tivesse remido. De modo semelhante, também tu deves ser para ti um redentor universal de tudo quanto tens corrompido em ti por teus pecados. E em tudo isto te deves apoiar totalmente nele; pois tu, pelos teus pecados, tens estragado tudo que há em ti: o coração, os sentidos, corpo e alma, tuas energias e tudo quanto existe em ti; tudo isto está bem doente e estragado. Por isso, busca refúgio junto àquele em que não há estrago, mas em quem tudo é perfeito, de modo que possa ser redentor universal de todo o estrago que há em ti, por dentro e por fora.

## 17
## *Como o homem deve manter-se em paz quando não se encontra em aflição externa, como Cristo e muitos santos, e como deve seguir a Deus*

O temor e o desalento podem sobrevir ao homem pelo fato de a vida de Nosso Senhor Jesus Cristo e dos santos ter sido austera e cheia de labores, enquanto o homem nessas coisas tão pouco consegue e tão pouco se sente impelido para tais coisas. Por isso, os homens, que se sentem tão longe de tudo isso, frequentemente se julgam também longe de Deus, a quem não podem seguir. Ninguém pense assim! O homem jamais se deve considerar longe de Deus, nem por causa de seus defeitos, nem por causa da sua fraqueza, nem por outro motivo qualquer. E ainda que grandes defeitos te possam arrastar para longe, a ponto de que não te possas considerar como perto dele, tu deves considerar a Deus como perto de ti. Pois há uma grande desgraça nisto: alguém colocar a Deus longe de si. Pois, quer o homem caminhe longe ou perto, Deus jamais se afasta para longe. Ele sempre permanece perto; e se não pode ficar dentro, Ele não se afasta para mais longe do que até diante da porta. Assim também acontece com o rigor da imitação de Cristo. Pondera em que pode consistir a tua imitação neste ponto. Deves saber e ter notado a que coisa tu és mais fortemente admoestado por Deus: pois de modo algum os homens são todos chamados por um só caminho a Deus, como disse São Paulo (cf. 1Cor 7,24). Se julgas que o teu caminho mais próximo a Deus não leva através de muitas boas obras e grandes fadigas ou privações (que, aliás, também não importam muito, a não ser que o homem esteja especialmente movido por Deus e disponha de força para fazê-las convenientemente sem perturbação de sua vida interior); se portanto disto nada se encontra em ti, fica tranquilo, e não dês demasiada importância a tudo isto. Possivelmente, porém, dirás: Nada importam!? Por que então nossos antepassados e muitos santos assim procederam? Ora, considera: Nosso Senhor lhes deu este modo de agir e lhes deu igualmente a força para agir desta maneira e foi nisto que se agradou deles; eles tinham que alcançar o mais perfeito precisamente naquilo. Pois Deus não vinculou a salvação dos homens a alguma maneira singular. O que se encontra num tipo de ação, não se acha em outro. A capacidade de assegurar o fim, Deus a deu a todos os métodos bons e não a negou a nenhuma maneira apta, pois uma coisa boa não é contra a outra. E os homens devem saber que procedem mal se, às vezes, notam ou ouvem dizer que alguém seja bom, apesar de não seguir os modos de agir deles, e se, por isso, pensam logo que tudo estaria perdido. Pois logo que lhes desagrade o modo deles, desaprovam o bom modo deles e suas boas intenções. Isto não está certo! Pois o que mais importa é atender à boa intenção que há no proceder de alguém, e não se despreza a sua maneira de agir. Não é possível que cada um seja obrigado a uma só maneira, nem que todos os homens tenham uma só forma; nem tampouco pode ser que um só homem tenha todas as maneiras de proceder, ou que um só proceda segundo os modos de cada um.

Cada um, portanto, fique com o seu modo bom e integre nele todos os demais modos e abrace pela sua maneira tudo que é válido em todos os modos. Mudança de maneiras levam à inconstância tanto as maneiras como também o próprio espírito. O que um método pode dar, também se pode obter por outro, desde que este seja bom e louvável e nele se procure a Deus. De resto, nem todos os homens podem seguir um único caminho. Vale isto também quanto à imitação da vida austera daqueles santos. Pois podes amar e ter agrado no que fizeram, sem que daí sejas obrigado a fazer o mesmo. Agora poderias dizer: Nosso Senhor Jesus Cristo teve inquestionavelmente a maneira mais perfeita de viver. Seria justo que nós o imitássemos sempre. Sem dúvida! É justo que se siga a Nosso Senhor e, no entanto, não deve ser em todos os modos. Nosso Senhor jejuou 40 dias; ninguém deve empreender o mesmo. Cristo fez muitas coisas com a intenção de que o imitássemos espiritualmente, não fisicamente. Por isso, devemos esforçar-nos por segui-lo segundo o espírito; pois Ele procura mais o nosso amor do que as nossas obras. Nós devemos segui-lo segundo o modo próprio de cada um de nós.

Como então? Escuta bem: Em todas as coisas! – E de que maneira? – Assim como eu já disse muitas vezes: Eu considero uma obra espiritual muito melhor do que uma corporal.

Como assim? Cristo jejuou 40 dias. Segue-o prestando atenção ao de que mais gostas ou a que estejas mais disposto. Presta atenção naquilo e controla-te. Muitas vezes será conveniente para ti que te abstenhas disto mais do que simplesmente te privares de todo e qualquer alimento. Assim também te é às vezes mais penoso não falar certa coisa do que te absteres de toda conversa. Assim também parece por vezes mais difícil ao homem tolerar uma pequena ofensa, de pouca monta, do que suportar um rude golpe, para o qual estava preparado. Mais difícil lhe é estar sozinho numa multidão do que a sós numa ermida; assim também como por vezes é mais difícil renunciar a uma ninharia do que a algo de grande; ou mais penoso pode ser fazer uma obra insignificante do que fazer alguma que se considere muito grande. Eis como um homem em toda a sua fraqueza pode muito bem seguir a Nosso Senhor sem que precise, neste seu caminho de seguimento, considerar-se muito distante dele.

## 18
## De que maneira o homem, conforme a situação, poderá aceitar alimentos finos, vestes nobres e alegre companhia, que lhe cabem segundo o costume

Não há motivo para te preocupares com alimentos e vestes, por te parecerem demasiadamente distintos e finos: antes habitua teu coração e teu sentir a que sejam superiores a estas coisas. Nada deverá dispor o teu ânimo para a alegria e o amor, senão Deus somente. Tua mente deve ser superior e indiferente a todas as demais coisas. Por quê?

Seria uma vida interior muito fraca se dependesse da vontade exterior para vingar; o interior deve determinar o exterior, na medida em que isto esteja a teu alcance. Se te ocorrer algo contrário, poderás aceitá-lo com a mente de que, noutra circunstância, mudarás de bom grado e prontamente. O mesmo vale quanto ao alimento, aos amigos e parentes e a tudo quanto Deus te quer dar ou tirar.

E assim considera isto melhor que tudo: que o homem totalmente se abandone a Deus, a ponto de antes aceitar, com alegria e gratidão – onde quer que Deus lhe queira impor, pena, humilhação e sofrimentos –, do que querer colocar-se, por iniciativa própria, nessas penitências. Por isso, aprendei de Deus em todas as coisas e segui-o fielmente, e tudo dará certo! Deste modo, pode-se tolerar honra e louvor. Caso, porém, sobrevenha ao homem injúria e humilhação, isto seria igualmente aceito e suportado de boa mente. Por isso, comam e festejem com o coração tranquilo todos os que estariam não menos dispostos a jejuar e fazer penitência.

Será este por certo também o motivo pelo qual Deus priva os seus amigos de grandes e múltiplos sofrimentos; de outra maneira, não o permitiria a sua fidelidade sem limites, uma vez que tão grandes e tantas bênçãos existem no sofrimento, e Deus não quer, nem deve deixar, que os seus seguidores percam tão magnífica oportunidade de enriquecer-se dos seus benefícios. De fato, porém, Deus se dá por contente com a boa vontade; se não, Ele não deixaria passar para eles nenhuma ocasião de sofrimento, uma vez que é indizível a bênção que do sofrimento promana.

Portanto, se Deus se dá por contente, deves também tu estar contente; mas se algo diferente lhe agrade acontecer contigo, não fiques menos contente. Pois deve o homem interiormente de modo tão perfeito conformar-se com a vontade de Deus, que não se deve inquietar com modos e feitos. Particularmente deves fugir de toda forma estranha, seja no vestir, seja no comer, seja no falar, como, por exemplo, usar palavras altissonantes, ou curiosidades de gestos, que para nada adiantam. De outro lado, também deves saber que não te é vetada toda a singularidade. Há tantas coisas esquisitas que devem observar-se em muitas ocasiões e para com muitas pessoas; pois quem for algo de especial e singular, também deverá em muitas ocasiões e muitas vezes fazer algo de singular.

O que importa é que o homem em todas as coisas e situações se revista da forma de Cristo, de modo que nele se encontre um reflexo de todas as obras de Jesus e do seu modo de ser e operar. Deverá o homem, numa perfeita semelhança com Cristo, trazer em si, na medida do possível, todo o modo de Jesus operar. Tu deves operar, e Ele deve tomar forma em ti. Faze tu, com plena dedicação e com toda a mente, a obra que te cabe. Habitua sempre o teu espírito a isto e à tarefa que tu, com todas as tuas boas obras, te formes nele.

## 19
## *Por que Deus frequentemente tolera que pessoas de bem sejam impedidas na prática do bem*

Deus fiel permite que seus amigos frequentemente caiam em fraquezas somente para que lhes falte todo o arrimo, algo em que se possam apoiar. Pois para um homem que ama a Deus seria um grande prazer se pudesse fazer muitas e grandes obras, seja vigílias, jejuns ou outros exercícios, seja, particularmente, grandes e penosas obras. Constituem para eles tais obras motivos de grande satisfação, apoio e esperança, de modo que as suas obras lhes sejam apoio, firmeza e razão de confiança. Justamente tal segurança lhes quer Deus tirar. Pois quer Deus que só Ele seja o nosso arrimo e razão de confiança. Não é por outra razão que Ele quer isto, senão por sua bondade e misericórdia. Pois Deus não é movido para qualquer obra que seja a não ser por sua própria bondade. As nossas boas obras em nada contribuem para que Deus nos dê ou faça algo. Nosso Senhor quer que os seus amigos se desprendam delas, e por isso os priva de tal apoio para que só Ele seja o apoio deles. Pois Ele lhes quer conceder grandes coisas, e isto unicamente por sua libérrima bondade. Ele mesmo quer ser arrimo e conforto deles, enquanto que eles mesmos se devem saber e considerar um puro nada no meio de todas as grandes dádivas de Deus. Pois quanto mais desnudada e privada de tudo uma pessoa se entrega a Deus e é por Ele acolhida e sustentada, tanto mais é assumida no que é de Deus e tanto mais dele se torna capaz e receptiva com todos os preciosíssimos dons divinos. É, pois, em Deus tão somente que a criatura humana deve depositar toda a sua esperança.

## 20
## *Que o Corpo de Nosso Senhor seja recebido frequentemente e da maneira e devoção com que isto se deve fazer*

Quem gostaria de receber o Corpo de Nosso Senhor Jesus Cristo não precisa preocupar-se com o que há de sentir, ou quão grande há de ser a unção interior e a devoção, e sim atenda ele no que seja a disposição de sua vontade e intenção. Não dês importância ao que sentes, mas antes tem em grande conta aquele a quem amas e almejas. Deve ser esta antes de tudo a disposição de quem sem ansiedade quer receber a Nosso Senhor: que a sua consciência esteja livre de toda arguição de pecado. A outra disposição é que o homem tente voltar a sua alma a Deus, de modo que nada deseje e procure senão a Deus e as coisas divinas, e tudo deteste que não se conformar com o Senhor. Pois o homem sabe quão distante ou próximo se acha de Deus pelo pouco ou muito que ele tem deste proceder. Em terceiro lugar, ele deve ter a intenção de que o amor ao Santíssimo Sacramento e a Nosso Senhor em virtude da Sagrada Comunhão cresçam mais e mais, e que pela comunhão frequente a reverência não diminua. Pois o que traz a vida para um, traz a morte para outros. Por isso, deves ser atento a que cresça em ti o amor a Deus e que não se apague a tua reverência. Quanto mais vezes comungares com tal disposição, tanto mais também crescerás no bem e tanto melhor e útil será para ti. Por isso, não deixes que por conversas ou sermões cheguem a privar-te do teu Deus, pois quanto mais, tanto melhor será para ti e tanto mais agradável será a Deus. Pois é este o desejo do Senhor, que Ele habite no homem e com o homem.

Talvez agora me digas: ó meu Senhor, eu me encontro tão vazio e frio e inerte, que não me animo a ir ao Senhor. Respondo: tanto mais necessidade tens de ir para junto de teu Deus! Pois nele te tornas inflamado e ardente; nele te tornas santificado; a Ele tão somente estarás obrigado e unido. Pois no Sacramento e não em outra parte encontrarás tão propriamente a graça para que as tuas forças naturais fiquem tão perfeitamente unidas e recolhidas mediante a força sublime da presença corporal do Corpo de Nosso Senhor, que todos os sentidos divagantes e o ânimo do homem se tornem recolhidos e unidos e aqueles mesmos sentidos que sozinhos tendiam para baixo, agora ficam elevados e orientados em perfeita ordem a Deus. Pela virtude do Deus, que habita no interior, serão habituados às coisas interiores e libertados dos empecilhos corporais (que provêm das coisas terrenas), para tornar-se hábeis para as coisas divinas. Confortado assim pelo seu Corpo, o teu próprio corpo se renova. Pois devemos ser transformados nele e com Ele plenamente unificados (cf. 2Cor 3,18), de modo que aquilo que é seu fica nosso, e aquilo que é nosso fica seu; nosso coração e o seu se tornam um, e nosso corpo e o seu um corpo. Deste modo, nossos sentidos, nossa vontade e nossas tendências, nossas forças, faculdades e membros hão de ser inseridos nele, de modo que Ele seja percebido e sentido em todas as faculdades e forças do corpo e da alma.

Agora poderias talvez objetar: Ah! meu Deus, eu não constato em mim nada dessas grandes coisas, mas tão somente percebo a minha pobreza. Como poderia eu ter a ousadia de ir a Ele nesse estado de coisas?

Ora, se queres transformar a tua pobreza em riqueza, vai para o pleno tesouro de toda a imensa riqueza, e ficarás rico. Pois deves saber que só Ele é aquele tesouro que te pode bastar e plenamente saciar. "Por isso – assim dirás – eu vou a ti, para que a tua riqueza encha a minha pobreza de bens e para que a tua imensidão torne repleto o meu vazio, e a tua infinita e imensurável divindade ocupe a minha vil e corrupta humanidade."

"Mas, Senhor, pequei muito; tanto que não posso expiar tudo." Ora, justamente por isso deves ir a Ele. Ele expiou condignamente todo o pecado. Nele podes perfeitamente oferecer ao Pai celestial um digno sacrifício por todas as tuas culpas.

"Ah! Senhor, quanto gostaria eu de bendizer-te e louvar-te, mas não posso!" Vai a Ele, pois só Ele é aceitável agradecimento ao Pai e infinito, adequado e perfeito louvor a toda a perfeição divina. Numa palavra, se queres, plenamente livre de todo defeito e ornado de todas as virtudes e graças, ser conduzido feliz para dentro do teu princípio, deves proceder de modo que possas receber o Santíssimo Sacramento de modo digno e frequente, pois destarte serás unido a Ele, engrandecido e elevado com este seu Corpo. Sim, no Corpo de Nosso Senhor Jesus Cristo a alma é tão intimamente inserida em Deus, que todos os anjos, quer os querubins quer os serafins, veem-se sem condições para saber ou descobrir diferença entre os dois; pois, onde tocam em Deus, tocam na alma; e onde a alma está, aí está Deus. Nunca se fez tão estreita união, pois a alma está mais estreitamente unida a Deus do que o corpo e a alma constituindo o homem. Mais estreita é esta união ainda do que aquela de uma gota de água que alguém junte a um barril com vinho; pois aí haveria água e vinho; lá, porém, há transformação tal, que nenhuma criatura estaria em condições de descobrir a diferença.

Agora poderias dizer: Como pode dar-se isto? Pois eu não sinto nada! O que importa? Quanto menos sentires e quanto mais firmemente creres, tanto mais louvável será a tua fé e tanto mais será ela considerada e louvada; pois uma fé sincera é para o homem mais do que um simples opinar. Pois temos por ela um verdadeiro saber. De fato, o que mais nos falta é uma fé verdadeira e sincera. O fato de que nos parece que temos mais vantagem numa que noutro provém apenas de razões externas. Realmente, não há mais certeza num (no constatar) que no outro (no crer). Aquele que crê com a mesma firmeza possui também do mesmo modo.

Poderias talvez objetar: De que modo posso crer em coisas tão elevadas, quando na verdade não me encontro em tal estado sublime, mas me vejo frágil e desviado para tantas coisas? Bem, deves considerar duas coisas que também não faltaram em Nosso Senhor Jesus Cristo. Também Ele tinha faculdades sublimes e outras comuns e, de acordo com isto, tinha dois planos de ação. Suas faculdades mais sublimes estavam na posse e no gozo da eterna bem-aventurança: as inferiores se atuavam na mesma hora no maior sofrimento e na luta deste mundo e, no entanto, nenhuma dessas ações impedia a outra nas suas ações próprias. Semelhantemente deve acontecer contigo: que tuas faculdades superiores se elevem a Deus e lhe sejam totalmente devotadas e unidas. Mais! O sofrimento todo deve ser inteiramente deixado ao corpo, às faculdades inferiores e aos sentidos, porquanto o espírito deve elevar-se com todas as suas forças e com todo o desprendimento deve abismar-se em Deus. Por isso, o sofrimento dos sentidos e das faculdades inferiores e também esta dificuldade não abalam o espírito; pois quanto maior e mais violenta for a luta, tanto maior e mais honrosa será a vitória e a glória do vencedor. Pois, quanto maior o obstáculo e mais violento o ataque das paixões e dos vícios de que triunfas, tanto maior será o teu crescimento na virtude e tanto mais serás agradável a Deus. Portanto, se queres receber dignamente ao teu Deus, cuida que as forças superiores do teu ser se orientem para Deus, que a tua vontade procure a do

Senhor; cuida daquilo que nele almejas e da maneira como a tua fidelidade com Ele se firma.

Com tal disposição de alma, o homem jamais recebe o precioso Corpo de Nosso Senhor sem receber graças especiais; quanto mais vezes assim comungar, tanto mais abençoado será.

Sim, o homem poderia receber o Corpo de Nosso Senhor Jesus Cristo com tal disposição e devoção que, caso fosse dado ao homem ser colocado no ínfimo coro dos anjos, ele com uma única comunhão, feita assim com tal disposição, seria elevado para dentro do segundo coro dos anjos; sim, com tal devoção tu o poderias receber, que serias julgado digno do oitavo ou nono coro dos anjos. Sendo assim, houvesse dois homens iguais em tudo pelo seu modo de vida, mas se um homem tivesse recebido dignamente o Corpo de Nosso Senhor uma vez a mais que o outro, seria ele diante do outro como um sol radiante e alcançaria uma união superior com Deus.

Tal recepção e ditosa fruição do Corpo de Nosso Senhor não se dão apenas na recepção visível, mas se encontram também na comunhão espiritual feita com sincero desejo e devota união. Tal comunhão pode o homem fazer com tanta confiança, que ele se pode tornar mais rico em graça do que qualquer homem na terra. E pode o homem fazê-lo mil vezes ou mais por dia, esteja ele onde estiver, esteja doente ou sadio. No entanto, deve a pessoa preparar-se como para a recepção do Sacramento, segundo uma boa ordem e disposição e segundo a força do desejo. Não havendo esse desejo, seja ele então estimulado e preparado e se proceda então neste sentido. Assim nos tornamos santos neste século e felizes na eternidade. Pois estar com Deus e segui-lo: eis a eternidade! Que nos dê tal graça o Mestre da Verdade, o Amigo da Pureza e a Vida da Eternidade. Amém.

## 21
# O zelo

Se alguém deseja receber o Corpo do Senhor, poderá aproximar-se sem grande apreensão. É, no entanto, justo e muito útil que antes se confesse, ainda que a consciência de nada o acuse, e o faça tendo em mente o fruto do Sacramento da Penitência. Se, no entanto, suceder que algo o acuse, mas ele for impedido por justa razão de se confessar, então procure a Deus e com grande arrependimento se lhe declare culpado e se contente com isto, até que tenha oportunidade para se confessar. Se no meio-tempo lhe fugir a consciência, ou a acusação do pecado, então diga a si mesmo que também Deus o esqueceu. Deve-se confessar antes a Deus do que aos homens, e quando se pecou, levar bem a sério a confissão diante de Deus e acusar-se com veemência diante dele. É isto algo que ao confessar-se sacramentalmente não pode ser levianamente omitido, ou posto de lado, por atender sobretudo à penitência exterior. Pois é a atitude interior do homem que faz as suas obras serem justas, divinas e boas.

Cumpre-nos aprender a estar livres no meio das ocupações. No entanto, para um homem não exercitado é um empreendimento difícil chegar a tal ponto, que nem coisas nem obras o impeçam. Será necessário muito zelo para tanto, e também que Deus lhe esteja continuamente presente e o esplendor divino lhe brilhe abertamente em todo o tempo e lugar. Requer-se para isso um zelo infatigável e sobretudo duas coisas: uma, que o homem se tenha recolhido interiormente para que o espírito esteja a salvo das imagens de fora, para que fora dele fiquem e não caminhem presunçosamente com ele, ou não encontrem nele repouso. A outra é que o homem não divague nem se distraia nem se dê tampouco nas suas imagens interiores, sejam apresentações ou elevações do espírito ou imagens externas ou qualquer coisa dessas, que estejam no momento presentes. Deve o homem habituar a isso todas as suas forças. Para tanto treine-as e mantenha assim o controle do seu interior.

Poderás talvez objetar: Ora, o homem deve voltar-se para as coisas externas, se é que deve atuar no exterior, pois nenhuma obra pode ser feita a não ser da maneira que lhe é própria.

Isto é bem verdade. No entanto, as formas externas são para o homem bem-avisado não algo de exterior, pois todas as coisas têm para o homem interior uma maneira interior e divina de existência.

O que importa sobretudo é o seguinte: que o homem tenha sua razão habituada e cultivada na familiaridade com Deus; destarte, acontece que as coisas no seu interior se tornam algo de divino. Pois nada é tão próprio, presente e próximo à razão quanto Deus. Não se volta a razão para algo diverso. Ela não se volta às criaturas, a não ser que se lhe faça violência e injustiça, ficando com isto francamente distorcida e pervertida. Se a razão, por desgraça, ficar assim pervertida num jovem ou em outra pessoa qualquer, cumpre que seja ela corrigida num penoso esforço. Deve-se usar do máximo esforço para que a razão seja corrigida e habituada ao que é certo. Pois por mais condizente e próprio que Deus seja com relação à alma, se esta for uma vez mal-orientada e fixada nas criaturas, se prezar as figuras e formas e a elas se habituar, então será enfraquecida nesta parte e também em si mesma tão incapaz e tão embargada a todo nobre sentimento e vontade, que ao homem toda indústria e esforço de que seja capaz ainda serão pouco para que possa reencontrar-se plenamente. E ainda que ele faça todos estes esforços, mesmo assim precisa de contínua vigilância.

Antes de tudo cumpre ao homem cuidar de habituar-se (à familiaridade com Deus) firme e retamente. Se alguém não habituado e não exercitado neste sentido quisesse proceder e agir como uma pessoa habituada, estragar-se-ia totalmente, e isto não daria em nada. Só quando alguém se tiver desprendido de todas as coisas e tornado alheio a elas, poderá realizar com cuidado todas as suas obras e se lhes devotar sem preocupação, ou as dispensar sem qualquer dificuldade. De outro lado, se o homem amar algo e nisto sentir prazer e se conscientemente ceder a tal prazer, seja comida ou bebida ou seja o que for, não se poderá dar tal caso sem dano para um homem indisciplinado.

Deve o homem habituar-se a não apetecer e nada procurar de sua própria vontade, mas encontrar e abraçar a Deus em todas as coisas. Pois Deus não concede um bem e jamais deu algum para que seja possuído e nele se descanse. Pelo contrário, todos os dons que Ele deu no céu e na terra, Ele dispensou para que pudesse dar uma só dádiva, e esta dádiva é Ele mesmo. Com todos aqueles benefícios Ele nada mais visa senão nos preparar para um só dom: Ele mesmo. E todas as obras que Deus fez no céu e na terra, Ele as executou unicamente para poder concretizar uma só obra: isto é, ser feliz para que pudesse fazer-nos felizes. Digo, por conseguinte: devemos aprender a considerar a Deus atuante em todas as obras e dádivas. Nenhuma coisa nos deve bastar em si mesma. Não devemos parar em nenhuma. Pois nesta nossa vida nunca houve para um homem – por mais que ele tenha prosperado – a possibilidade de parar. O que mais importa é que o homem sempre se mantenha orientado para os dons de Deus, e isto sempre de novo.

Quero mencionar brevemente uma pessoa que ardentemente desejava obter algo de Deus; eu, no entanto, lhe disse que ela não estava bem preparada para isto, e se Deus lho concedesse, estando ela ainda despreparada, seria para o dano dela.

Perguntareis: Por que ela não estava preparada? Pois que tinha boa vontade, e vós dissestes que essa realizaria todas as coisas, e que nela se encontrariam todo bem e toda perfeição?!

Isto é certamente verdade. No entanto, devem-se distinguir dois significados da vontade: uma vontade é casual e secundária, a outra é uma vontade básica, decisiva, criativa e firmemente estabelecida e determinada. Ora, certamente não basta que a alma num determinado momento em que procura a união com Deus esteja separada das coisas do mundo, mas há de ter um desprendimento bem-exercido e firmado que proceda e persista: só assim será possível que ela receba grandes coisas de Deus e ao próprio Deus em todas as coisas. Quando se está despreparado, se vicia o dom e se perde a Deus juntamente com o dom. Esta é também a razão pela qual Deus nem sempre pode dar como pedimos. Não é certamente por causa dele, pois Ele tem mil vezes mais pressa em dar do que nós em receber. Somos nós que lhe fazemos violência e injustiça, impedindo-o, pela nossa falta de verdadeira disposição, de agir segundo a boa vontade que lhe é conatural.

Deve o homem aprender a eliminar em todos os dons o seu próprio eu e não reservar nada para si e nem procurá-lo, nem a utilidade nem o prazer, nem o sentimento devoto nem a doçura, nem o prêmio celestial nem a sua vontade própria. Deus jamais se deu nem futuramente se dará em alguma vontade qualquer alheia. Ele só se dará onde encontrar a sua própria vontade divina. Quando Deus encontra a sua vontade, se dá e entra nela com tudo o que Ele é. E quanto mais nos despojamos da nossa vontade, tanto mais nos tornamos presentes na vontade dele. Por isso, não basta que realmente alguma vez nos renunciemos a nós mesmos e a tudo que somos e podemos, mas devemos praticá-lo continuamente e assim nos tornarmos, em todas as coisas, simples, despojados de nós mesmos e livres.

É igualmente de máxima utilidade que o homem não se dê por satisfeito se tiver em mente as virtudes como a obediência, a pobreza e outras virtudes; antes, deverá o próprio homem se exercer e comprovar nas obras e frutos de virtude e, além disso, desejar e procurar ser exercitado e provado pelos homens; pois não basta que ele pratique as obras da virtude, preste obediência e sobre si tome a pobreza ou o desprezo ou que se mantenha de qualquer maneira humilde e conformado. Ele deverá persistir e jamais dar-se por satisfeito, até que possua a virtude nos seus fundamentos e na sua natureza. Como se patenteia que se adquiriu a virtude? No fato de se estar inclinado para ela mais do que para qualquer outra coisa, praticar-se as obras da virtude sem especial empenho sobre a vontade e atuar-se sem explícito bom propósito para um objetivo justo e grande, que não seja resultante de um especial bom propósito em relação a uma coisa justa e grande, mas sim que ela opere por sua natureza ela mesma e por amor à virtude; não por outro motivo qualquer. Destarte, a virtude é perfeita, e não antes.

Cumpre que se aprenda a renunciar a si mesmo, até que já não se tenha nada mais para si mesmo. Toda tempestade e toda falta de paz nascem da própria vontade, quer reparemos quer não. Cumpre colocar-nos com tudo que é nosso – mediante um despojamento puro da vontade própria e do nosso desejo – dentro da boa e caríssima vontade de Deus, com tudo quanto se possa querer e pretender em todas as coisas.

Uma pergunta: Devemos então afastar propositalmente mesmo todo doce sentimento da presença e familiaridade de Deus? Não poderia isto provir até da lassidão e do pouco amor a Ele?

Pode ser: se não atendermos a uma diferença. Pois nasça essa disposição da preguiça ou de verdadeira renúncia e do abandono de si mesmo, sempre se deverá ver se nos encontramos em tal estado conformados, estando não menos fiéis a Deus do que quando estamos nas mais vivas consolações, de modo que também nesse estado se faça tudo aquilo que se pratica no outro, e não menos, e que se proceda com tanta independência diante da ausência de consolações e auxílios, como quando se sente a confortante presença de Deus.

Para o homem que se tiver consolidado numa vontade tão perfeita, tempo algum é breve demais. Pois se a sua vontade for tal, que ele quer perfeitamente tudo quanto pode – não apenas agora, mas ainda em mil anos, se chegasse a viver tanto – digo que uma tal vontade e disposição traz tanto fruto quanto se obtém com mil anos de trabalho: pois diante de Deus ele tudo fez.

## 22
## *Como se deve seguir a Deus de maneira perfeita*

O homem que inicia uma vida ou obra nova deve dirigir-se a seu Deus e pedir com grande força e com toda a devoção que Deus lhe conceda o que lhe for melhor e mais do agrado e glória de Deus, de modo que não se procure o que for da própria vontade e sim o que for unicamente da vontade do bom Deus. O que Deus então lhe dispensar, acolha o homem das mãos de Deus e o tenha pelo melhor que lhe possa ter sido indicado. E esteja plenamente contente com isto.

Ainda que posteriormente outra maneira lhe agrade mais, deve ele pensar: "É esta a maneira que Deus dispôs quanto a ti, e por isso é a melhor". Ponha ele assim a sua confiança em Deus e subsuma todas as formas boas sob esta, nela acolhendo todas as coisas, sejam elas de que espécie forem. Pois o que Deus dispensou em benefícios de uma maneira também pode ser encontrado em todas as outras formas boas. Pois em uma só forma se devem abraçar todas as formas boas e não justamente a peculiaridade singular da forma respectiva. Pois o homem deve fazer uma só coisa de cada vez, pois não pode fazer tudo. Tem que ser um só, mas neste ser deve abraçar todas as coisas. Pois se o homem quisesse fazer tudo, isto e mais aquilo, e se quisesse abandonar o seu modo e abraçar o de outro, resultaria uma grande inconstância. Assim, um homem que, saindo do mundo, abraçasse a vida religiosa numa determinada Ordem escolhida de vez para sempre, tornar-

-se-ia mais facilmente perfeito do que outro que passasse de uma Ordem para outra, por mais santa que esta fosse. Isto provém da mudança da escolha. Abrace, portanto, o homem uma boa maneira e permaneça nela e enquadre nela todas as boas formas e considere esta maneira como indicada por Deus. Não comece, portanto, hoje uma coisa e amanhã outra e não pense ele que na forma uma vez escolhida possa ele perder alguma coisa. Pois com Deus presente não se pode perder nada; tampouco como Deus pode perder uma oportunidade, tampouco o homem, tendo a Deus presente, pode perder alguma coisa. Receba ele, pois, de Deus um bem e nele integre todo o bem. Ficando, porém, patente que não sintonizam esses bens a ponto de um bem excluir o outro, então tome-o como sinal seguro de que tal outro bem não procede de Deus. Um bem verdadeiro nunca é contrário a outro, pois como disse Nosso Senhor Jesus Cristo: "Todo reino dividido contra si mesmo acaba em ruína" (Lc 11,17), e como também disse: "Quem não estiver comigo, está contra mim, e quem não recolhe comigo, dispersa" (Lc 11,23). Seja, portanto, para ti um sinal seguro: se um bem não admite outro, nem mesmo um bem inferior, ou até o destrói, então este bem não vem de Deus. Pois o bem divino é dado para resultar em algo de bom, e não para destruir.

Assim também dizia uma breve observação que alguém fez, dizendo que não padece dúvida de que o Deus fiel acolhe a cada homem no que ele tiver de melhor. Isto é muito certo e de modo algum Deus acolhe um homem derrubado e prostrado no chão, quando Ele o poderia muito bem ter encontrado como alguém firme e em pé. Pois a bondade de Deus visa o melhor para todas as coisas.

Alguém perguntou: Por que então Deus não chama da presente vida aquelas pessoas das quais sabe que perderão a graça batismal? Não sabe Ele que hão de cair e não se levantarão novamente? Por que não os deixa morrer na infância, antes de chegarem ao uso da razão? Seria isto, certamente, o melhor para eles.

Respondi: Deus não é destruidor de um bem, mas Ele o conduz à perfeição. Deus não destrói a natureza, mas a leva ao estado perfeito. Também a graça não destrói a natureza; pelo contrário, leva-a à perfeição. Se Deus destruísse a natureza, já no início, far-lhe-ia violência e maldade: tal coisa Deus não faz. O homem possui vontade livre com a qual pode optar pelo bem ou pelo mal. Deus lhe propõe a morte pela maldade; e pela probidade, a vida. Ele quer o homem livre e dono de suas ações, sem que sofra de violação da natureza sua ou de coação. A graça não destrói a natureza, mas a aperfeiçoa. A glorificação da natureza será graça levada à perfeição definitiva. Não há, portanto, nada em Deus que chegue a destruir algo que de algum modo participe do ser. Deus, ao contrário, leva todas as coisas à perfeição. Da mesma forma, também nós não devemos destruir em nós um bem, por menor que seja, nem arruinar uma maneira inferior por uma forma superior, mas procurar aperfeiçoá-las até o mais alto grau.

Conta-se que alguém pretendia começar uma vida nova desde os fundamentos. Eu lhe falei assim: O homem é uma criatura que procura a Deus em todas as coisas; ele deveria tornar-se uma criatura que encontra a Deus em todo o tempo, em todos os lugares e junto a todos os homens e em todas as condições. Nisso pode crescer e fortalecer-se sem cessar, sem nunca chegar ao fim do aumento.

## 23
## *As obras interiores e exteriores*

Supondo-se que um certo homem, com todas as suas forças interiores e exteriores, desejasse retirar-se para dentro de si mesmo, e se achasse nesse seu estado de tal modo que não houvesse dentro dele qualquer fantasia ou imaginação, qualquer impulso poderoso provindo de Deus, de modo que ele se encontrasse num estado de ausência de qualquer ação interior ou exterior: conviria averiguar bem se acaso nesse estado o homem não seria movido por si mesmo para alguma ação. Se, no entanto, constar que o homem não se sente impelido a nenhuma obra e nada deseja empreender, ele mesmo deverá então forçar-se para alguma ação, interior ou exterior, pois o homem não pode ficar contente com o nada, por melhor que isso lhe pareça, ou seja, para que – se ele se encontrar um dia posto sob dura pressão ou constrangimento (por ação divina) a ponto que pareça antes sofrer uma ação do que fazê-la – aprenda ele a colaborar com Deus. Isto não significa que o homem deva sair do seu interior ou abdicar dele, antes, é precisamente nele, com ele e por ele que deverá aprender a agir de modo que o interior eclodir para a ação e a ação se reintroduza no seu interior e destarte se habitue a agir sem apreensão. Pois cumpre dirigir a atenção sobre essa atuação interior, e agir a partir daí, seja ler, rezar, ou, se for o caso, praticar alguma obra exterior. Quando, porém, a atividade externa ameaça destruir a vida interior, cumpre optar pela interior. Se, porém, as duas podem harmonizar-se, isto seria ideal para haver maior colaboração com a ação de Deus.

Ocorre, porém, esta questão: Como falar ainda em colaboração, se o homem se esvaziou a si mesmo e a todas as obras – como observa São Dionísio: Fala do modo mais belo de Deus aquele que diante da plenitude da riqueza interior de Deus puder mais profundamente calar-se – uma vez que se diluem todas as ideias e imagens e obras, louvor e agradecimento ou o que quer que alguém ainda possa prestar?

Resposta: Uma obra, no entanto, ainda é conveniente e justa: a desmontagem de si mesmo. E ainda assim, por maior e mais radical que seja este morrer a si mesmo e ter-se por pequeno, sempre será insuficiente, se Deus não levar a termo esta ação em nós. A humildade só será suficientemente perfeita quando Deus humilhar o homem pelo homem, ele mesmo. Só então se faz justiça ao homem, e à virtude; não antes.

Uma pergunta: Como Deus há de destruir o homem pelo homem mesmo? Parece antes que esta destruição do homem seria uma exaltação do homem por Deus, pois diz o Evangelho: "Quem se humilhar, será exaltado" (Mt 23,12; Lc 14,11).

Resposta: Sim e não! Como ele deve "humilhar-se" a si mesmo e não consegue humilhar-se bastante, então que Deus o faça; e ele "será exaltado", não certamente como se o "ser humilhado" fosse uma situação e o "ser exaltado" outra. Antes, a mais sublime altura da exaltação está precisamente no mais profundo abismo da humilhação. Pois quanto mais profundo e mais baixo for o abismo tanto mais elevada e incalculavelmente sublime será a elevação e a altura; e quanto mais profundo um poço tanto mais alto será. Altura e profundidade coincidem. Por isso, quanto mais alguém se puder humilhar tanto maior será. É por isso que diz o Senhor: "Quem quiser ser o maior, torne-se o menor dentre vós" (Mc 9,34). Quem quiser ser aquilo, deve procurar ser isto. O "ser" aquilo só se encontra no "tornar-se" isto. Quem se tornar o menor, será realmente o maior. Quem se tornar o mínimo, será realmente o máximo. E assim se comprova e se cumpre a palavra do Evangelista: "Quem se humilhar, será exaltado" (Mt 25,12; Lc 14,11). Pois todo o nosso ser próprio não tem outro fundamento a não ser no ser desfeito.

Está escrito: "Eles se tornaram ricos em todas as virtudes" (1Cor 1,5). Isto na verdade jamais pode acontecer, a não ser que antes se tenha ficado pobre em todas as coisas. Quem quiser receber tudo, deve antes desfazer-se de tudo. Eis o negócio justo, o intercâmbio equitativo, como já tinha dito muito antes: sendo da vontade de Deus dar-se a si mesmo e todas as coisas para que fiquem ao nosso livre dispor, Ele nos quer primeiro espoliar totalmente de tudo quanto for nosso. Digo e reafirmo: Deus absolutamente não admite que tenhamos como próprio nem mesmo o que pudesse cair nos olhos. Pois todas as dádivas que Ele alguma vez nos tenha dado, tanto na ordem da natureza como na da graça, Ele jamais nos deu a não ser com esta intenção: que nada possuamos como nosso. Pois, para ser totalmente do homem, Deus nunca deu nada a ninguém, nem a sua Mãe nem a outro homem nem a qualquer outra criatura, de qual maneira que seja. E para no-lo ensinar e nos munir com este espírito é que Ele frequentemente nos tira os dois: os bens materiais e espirituais. Pois a posse de tal dom não deve ser nossa, mas dele tão somente. Nós, ao contrário, deveremos fruir das coisas apenas como emprestadas, e não dadas, sem propriedade real, nem posse delas, quer sejam bens do corpo ou da alma, quer sejam os sentidos ou as energias, bens externos ou glória, amigos, parentes, casas, terras ou outras coisas.

Qual afinal a intenção de Deus, para insistir tanto nessa espoliação de tudo? Bem, Ele quer ser só e totalmente o nosso bem. É isto que Ele quer e procura, e é só isto que Ele unicamente tenciona: que possa ser totalmente nosso. Está nisto o seu maior prazer, sua alegria e delícia. Pois quanto mais coisas tivermos como nossas, tanto menos teremos a Ele, e quanto menos amor tivermos a uma multidão de coisas tanto mais possuiremos a Ele com tudo quanto Ele nos possa oferecer. Por isso, quando Nosso Senhor nos quis falar de todas as bem-aventuranças, colocou a pobreza de espírito como cabeça de todas elas e a ela como a primeira, em sinal de que toda a bem-aventurança e perfeição em seu conjunto e nas suas partes têm seu início na pobreza de espírito. E na verdade, se houver um fundamento sobre o qual se pudesse levantar todo o bem, este não haveria sem essa virtude.

Por nos guardarmos livres de todas as coisas que existem ao redor de nós, Deus nos quer dar, para propriedade nossa, tudo quanto há no céu e o próprio céu com todas as suas potências, até mesmo tudo quanto dele deriva e quanto possuem todos os anjos e santos, para que tudo isto seja tão próprio nosso como o é deles, e será nosso em maior medida que qualquer coisa que agora me pertença. Em recompensa pelo fato de que eu, por seu amor, me desfiz de mim mesmo, Deus será totalmente meu, com tudo quanto é e quanto possa dar-me; tão perfeitamente meu quanto Ele é seu, não menos, mas até mais. Mil vezes mais Ele será meu do que qualquer coisa que alguém possua ou tenha em sua caixa. Jamais alguém teve algo tão perfeitamente como propriedade sua, como Deus será meu, com tudo quanto Ele é e quanto pode fazer.

Tal propriedade deveremos ganhar permanecendo aqui na terra sem possuir-nos a nós mesmos ou qualquer coisa que não seja Ele mesmo. E quanto mais perfeita e despojada for a nossa pobreza tanto maior será esta propriedade. No entanto, não devemos ambicionar tal recompensa nem dirigir a nossa cobiça para ela; nosso olhar nem uma vez sequer procure enxergar se ganhamos algo, mas se oriente unicamente pelo amor à virtude. Pois quanto mais livre e indevida for a posse tanto mais ela será nossa, como diz o nobre São Paulo: "Como quem nada possui, mas tendo tudo" (2Cor 6,10). Não tem propriedade aquele que nada deseja nem quer possuir o que é de sua natureza própria ou existe fora dele, nem Deus nem qualquer outro bem.

Queres saber o que é um homem realmente pobre? Realmente pobre no espírito é aquele homem que bem pode dispensar-se de tudo quanto não for necessário. Por isso, disse aquele que permaneceu nu, dentro de um barril, na presença de Alexandre Magno, que tinha o mundo a seus pés: "Eu sou – falou ele – um senhor muito maior do que tu, pois minha capacidade de desprezo é maior do que aquilo que ocupaste. O que consideras grande coisa, ocupando-a, para mim é pequeno demais para eu poder sequer desprezar". Muito mais feliz é aquele que pode dispensar todas as coisas e que delas não necessita do que aquele que mantém a posse de tudo por precisar. O melhor homem é aquele que considera prescindível tudo quanto não lhe faz falta. Por isso, aquele que pode dispensar e desprezar a maior quantidade de bens, também na realidade mais deixou. Parece grande coisa alguém dar mil marcos-ouro [sic] e construir com os seus haveres muitos eremitérios e mosteiros e distribuir comida a todos os pobres; seria de fato grande coisa. Mas muito mais venturoso seria aquele que desprezasse tantos bens por amor a Deus. Pois aquele homem teria o verdadeiro Reino dos Céus, se por amor a Deus pudesse renunciar a todas as coisas, quer Deus as desse quer não.

Agora me dirás: "Sim, meu Senhor, mas não seria eu com minhas fragilidades e enfermidades para tanto um empecilho e razão retardadora nessa caminhada de perfeição?"

Ora, se há empecilhos desta natureza, roga sempre de novo a Deus e pergunta se não é para sua honra e agrado que Ele te livre de tais males. Pois sem Deus nada consegues. Se Ele te livrar daquilo, agradece. Se não o fizer, pois então carrega isso por seu amor, não já como defeitos resultantes do pecado, mas como grande exercício com que deves ganhar a recompensa e exercer a paciência. Deves estar satisfeito, quer Deus te dê o favor implorado, quer não. Deus dá a cada um o que for melhor para ele e o que melhor lhe convier. Quando se faz um paletó para alguém, as peças de fazenda devem ser cortadas sob medida; o que dá certo para um, não estará bem para outro. De cada um se toma a medida como lhe convém. Assim também Deus dá a cada um o que melhor lhe assenta. Sem dúvida, aquele que confia totalmente nele, recebe e possui no pouquíssimo tanto quanto no muitíssimo. Se Deus me quisesse dar o que deu a São Paulo, eu aceitaria com prazer, se fosse da vontade dele. Uma vez que Ele não me quer dar isto – pois só a pouquíssimas pessoas concedeu que já nesta vida possuíssem tanto saber quanto deu a Paulo – uma vez, digo, que Deus tanto saber não me concede, estou com esta sua vontade não menos contente e lhe dou não menos graças e estou tão perfeitamente satisfeito pelo fato de Ele me recusar este saber, como se mo tivesse dado; estou tão satisfeito com isto, e o aprecio da mesma maneira, sob pena de não ter o reto espírito, se outra fosse a minha mente. Na verdade, é assim que me deve bastar a vontade de Deus. Em toda parte onde Deus quer operar ou dar, a vontade divina me deve ser tão preciosa e querida que para mim não seria de menor apreço o que Ele quer do que quando de fato me desse o seu dom ou operasse em mim o que almejei. Destarte, todos os dons, todas as obras de Deus se tornariam minhas, e ainda que todas as criaturas empreendessem o que pudessem, o melhor ou o pior, não conseguiriam tirar-me estas dádivas de Deus. Como poderia eu lamentar-me, uma vez que todas as dádivas concedidas aos homens se tornaram minhas? Por Deus! Tão bem me contentaria com o que Deus me fizesse ou desse ou recusasse, que eu não pagaria nem um tostão sequer para poder levar uma vida que eu mesmo tolamente imaginasse ser a melhor.

Agora vens dizer-me: "Receio que eu não aplique bastante esforço nisso e que não cultive tal mente como poderia e deveria fazer".

Suporta com paciência que isto te dê pena. Aceita-o como uma provação e fica tranquilo. Deus de boa mente sofre opróbrio e vexame e dispensa do seu serviço e do seu louvor para que tenham paz os que o amam e são dele.

E por que não iríamos nós experimentar a paz, seja o que for que Ele nos dê ou de que tenhamos que sentir falta? Pois está escrito, e é Nosso Senhor quem diz: "Bem-aventurados os que sofrem por causa da justiça" (Mt 5,10). Certo! Se um ladrão que a gente quer enforcar e que pelas suas ladroeiras bem o teria merecido, ou se um assassino que por isso estaria sendo levado para se estender sobre a roda de tortura, se tais, digo, pudessem chegar à compreensão e dissessem a si mesmos: Eis, queres sofrer tudo isso por causa da justiça, pois é com razão e justiça que isto te sobrevém – eles seriam sem mais bem-aventurados. De fato, por mais injustos que sejamos, se aceitarmos das mãos de Deus o que nos quer fazer ou não fazer, se tudo isto aceitarmos como justo da parte de Deus, e se assim sofremos por causa da justiça, bem-aventurados seremos. Por isso, não te lamentes. Lamenta-te antes porque ainda te lamentas, e não te dás por contente. Lamenta-te unicamente porque ainda te apoias sobre o muito que pretendes ter, pois um homem de mente reta receberia o desconforto total e a falta de tudo com o mesmo ânimo como acolhe o possuir e o dispor.

Agora me dizes: "Eis que Deus realiza grandes obras em tanta gente, de modo que são engrandecidos por graças divinas, e é Deus e não eles quem opera isto".

Deves por isso agradecer a Deus e se Ele der a ti, aceita e recebe em nome de Deus! Se não te conceder, então de boa mente dispensa aquilo. Atende apenas a Ele e não te preocupes com a questão se é Deus que opera as tuas obras ou se és tu quem as pratica. Pois Deus, queira Ele ou não, deve realizá-las, se tu apenas tens a Ele na tua mente.

Também não te preocupes em saber qual natureza ou maneira de ser Deus queira dar a alguém. Se eu fosse tão bom e santo a ponto de me elevarem entre os santos, as pessoas logo falariam e indagariam se é por obra da graça ou da natureza e se inquietariam com isso. Elas não têm razão.

Deixa que Deus opere em ti; atribui-lhe toda boa obra, não te inquietes pela questão se Ele coopera com a tua natureza ou se age sobrenaturalmente. Um e outro âmbito lhe pertencem: a ordem da natureza e a da graça. Que tens a ver com isto, se Ele escolhe isto ou aquilo, ou o que Ele quer operar em ti ou nalgum outro? Que Ele opere onde, quando e como lhe apraz.

Certo cidadão queria canalizar uma fonte para dentro de sua horta e disse: "Desde que eu obtenha a água desejada, não me interessa de que espécie seja o rego que conduz a água, ou de ferro ou de madeira, desde que eu obtenha a água desejada". Eis, portanto, como procedem erradamente os que se preocupam com a questão se Deus opera através da natureza ou mediante a graça. Basta que Ele opere; e tu, queda-te quieto!

Pois na medida em que estás em Deus, estás em paz, e na medida em que estás fora de Deus, estás fora da paz. Quanto estejas em Deus, ou quanto não, é algo que podes saber pelo fato de estares em paz ou não. Pois quando estás descontente e quando te falta a paz, acontece isto necessariamente, pois a falta de paz vem das criaturas, e não do Criador. Nada existe em Deus que temer se deva. Tudo quanto está em Deus é amável. Do mesmo modo também não há nada nele que seja tristeza e luto.

Quem tiver em si a plena vontade de Deus e os seus desejos, tal também tem a alegria. Só a experimenta quem tiver a própria vontade plenamente una com a vontade de Deus. Que Deus nos conceda esta união de vontade. Amém.

## Série **Clássicos da Espiritualidade**

- *A nuvem do não saber*
  Anônimo do século XIV
- *Tratado da oração e da meditação*
  São Pedro de Alcântara
- *Da oração*
  João Cassiano
- *Noite escura*
  São João da Cruz
- *Relatos de um peregrino russo*
  Anônimo do século XIX
- *O espelho das almas simples e aniquiladas e que permanecem somente na vontade e no desejo do Amor*
  Marguerite Porete
- *Imitação de Cristo*
  Tomás de Kempis
- *De diligendo Deo – "Deus há de ser amado"*
  São Bernardo de Claraval
- *O meio divino – Ensaio de vida interior*
  Pierre Teilhard de Chardin
- *Itinerário da mente para Deus*
  São Boaventura
- *Teu coração deseja mais – Reflexões e orações*
  Edith Stein
- *Cântico dos Cânticos*
  Frei Luís de León
- *Livro da Vida*
  Santa Teresa de Jesus
- *Castelo interior ou Moradas*
  Santa Teresa de Jesus
- *Caminho de perfeição*
  Santa Teresa de Jesus
- *Conselhos espirituais*
  Mestre Eckhart
- *O livro da divina consolação*
  Mestre Eckhart
- *A nobreza da alma humana e outros textos*
  Mestre Eckhart
- *Carta a um religioso*
  Simone Weil
- *De mãos vazias – A espiritualidade de Santa Teresinha do Menino Jesus*
  Conrado de Meester
- *Revelações do amor divino*
  Juliana de Norwich
- *A Igreja e o mundo sem Deus*
  Thomas Merton
- *Filoteia*
  São Francisco de Sales
- *A harpa de São Francisco*
  Felix Timmermann
- *Tratado do amor de Deus*
  São Francisco de Sales
- *Espera de Deus*
  Simone Weil
- *Contemplação num mundo de ação*
  Thomas Merton
- *Pensamentos desordenados sobre o amor de Deus*
  Simone Weil
- *Aos meus irmãozinhos*
  Charles de Foucauld
- *Revelações ou a luz fluente da divindade*
  Matilde de Magdeburg
- *A sós com Deus*
  Charles de Foucauld
- *Pequena filocalia*
  Jean-Yves Leloup
- *Direção espiritual e meditação*
  Thomas Merton
- *Das sete palavras proferidas por Cristo na Cruz*
  São Roberto Belarmino

Conecte-se conosco:

- facebook.com/editoravozes
- @editoravozes
- @editora_vozes
- youtube.com/editoravozes
- +55 24 2233-9033

www.vozes.com.br

Conheça nossas lojas:

www.livrariavozes.com.br

Belo Horizonte – Brasília – Campinas – Cuiabá – Curitiba
Fortaleza – Juiz de Fora – Petrópolis – Recife – São Paulo

EDITORA VOZES — VOZES NOBILIS — Vozes de Bolso — Vozes Acadêmica

**EDITORA VOZES LTDA.**
Rua Frei Luís, 100 – Centro – Cep 25689-900 – Petrópolis, RJ
Tel.: (24) 2233-9000 – E-mail: vendas@vozes.com.br